COLLECTION FOLIO

Saint Augustin

L'Aventure de l'esprit

et autres Confessions

Traduit du latin et annoté
par Patrice Cambronne,
édité sous la direction de Lucien Jerphagnon

Gallimard

Avertissement

Les notes appelées par une lettre sont des références bibliques.

Les notes appelées par un chiffre sont des notes explicatives.

Ces textes sont les livres I, II et III des *Confessions*
(Bibliothèque de la Pléiade, Éditions Gallimard).

Saint Augustin naît le 13 novembre 354 à Thagaste, dans la province romaine de Numidie (aujourd'hui Souk-Ahras en Algérie). Son père, Patricius, petit propriétaire foncier, est païen ; sa mère, Monique, est une chrétienne fervente. Conformément à une pratique courante, l'enfant est inscrit comme catéchumène, mais ne reçoit pas le baptême, différé, comme souvent, à l'âge adulte de la pleine responsabilité. À seize ans, il part à Carthage pour finir ses études. Là, au grand dam de sa mère, il délaisse la religion, étudie la rhétorique et traverse une période de débauche. Follement amoureux d'une femme rencontrée alors qu'il a à peine dix-sept ans, il se laisse aller à sa passion. Deux ans plus tard, un enfant, Adéonis, naît de cette union hors mariage. Lecteur assidu de philosophie, et plus particulièrement de Cicéron, il adhère finalement au manichéisme en 373, une doctrine qui donne une vision dualiste du monde plongé dans un conflit entre le Bien et le Mal. Il part alors enseigner la rhétorique pendant deux ans à Thagaste puis à Carthage où il compose en 380 son premier traité, *De pulchro et apto*, aujourd'hui perdu. Après avoir discuté avec l'évêque manichéen Fauste, les premiers doutes sur la solidité de ses conceptions s'installent dans l'esprit d'Augustin. Il décide d'enseigner à Rome avant d'être nommé professeur de rhétorique à Milan.

Commence alors une période cruciale de rencontres et de lectures dans la vie d'Augustin. La prédication de l'évêque Ambroise suscite son admiration; aux côtés de sa mère, il découvre la beauté des textes de la Bible; il lit les « livres des platoniciens », consulte les *Lettres* de saint Paul, qui lui confirment son idéal de sérénité philosophique, questionne le théologien Simplicien qui apaise les agitations de son âme et lui recommande la piété pour accéder à la sagesse. Enfin, il reçoit la visite de Poticianus qui lui fait connaître la *Vie d'Antoine*. À la fin de juillet 386, Augustin, qui s'est isolé dans les jardins de Milan pour méditer, est frappé par une révélation divine alors qu'il lit un passage de saint Paul, et se convertit au catholicisme: il résigne ses fonctions pour demander le baptême. Abandonnant femme et enfant, il retourne en Afrique pour se consacrer à une vie monastique à Thagaste. Ordonné prêtre en 391, Augustin est rapidement nommé évêque d'Hippone (près de l'actuelle Annaba, sur la côte algérienne), et conservera ce siège jusqu'à sa mort en 430, lors de la prise de la ville par les Vandales.

Son œuvre est gigantesque. On ne recense pas moins de cent dix-huit traités, deux cent dix-huit lettres et plus de cinq cents sermons. Mais, de cette production foisonnante de textes, on retient avant tout ses *Confessions*, ouvrage très précieux dont l'influence dans la pensée chrétienne occidentale est considérable. Il y aborde une quantité de thèmes riches et variés, allant des difficultés que l'on rencontre à l'adolescence aux questionnements spirituels, en passant par les tourments de la passion amoureuse.

Découvrez, lisez ou relisez l'œuvre de saint Augustin :

CONFESSIONS (Folio classique n° 2465)

LA CRÉATION DU MONDE ET LE TEMPS (Folio 2 € n° 4322)

Livre premier

La mémoire des commencements

PROLOGUE :
LA TRIPLE « CONFESSIO »

Prélude : une quête inquiète.

I. 1. *Ô Seigneur, tu es grand, bien digne de louanges*[A] *;*
Ta Puissance, elle est grande ;
Sans nombre est ta Sagesse[B].

Te louer, voilà ce que veut un homme — infime parcelle de ta création —, et un homme traînant son enveloppe de mortalité, traînant l'enveloppe qui est le signe de son péché et le signe que *tu résistes aux superbes*[C].

Et pourtant, te louer, voilà ce que veut un homme, infime parcelle de ta création : c'est toi qui l'incites à trouver du charme à te louer.

A. Ps (Psaume) 145 (144), 3. • B. Ps 147 (146-147), 5. • C. Jc (Épître de Jacques) 4, 6.

Tu nous as faits tournés vers toi,
Et notre cœur est sans repos
Jusqu'à tant qu'il repose en toi.

Donne-moi, Seigneur, de savoir et de comprendre où est le début : t'invoquer ou te louer ? Te connaître ou t'invoquer ? Mais qui t'invoque s'il ne te connaît ? Car, sans connaître, il pourrait invoquer un être pour un autre. Ou, plutôt, ne t'invoque-t-on pas pour te connaître ? Mais *comment invoqueront-ils celui en qui ils n'ont pas cru ? Et comment croiront-ils, si personne ne t'annonce*[A] *? Ils loueront le Seigneur, ceux qui le cherchent*[B], car en le cherchant ils le trouveront[C], et, le trouvant, ils le loueront.

Que je te cherche, Seigneur, en t'invoquant, et que je t'invoque en croyant en toi ; car tu nous as été annoncé. Elle t'invoque, Seigneur, ma foi, que tu m'as donnée, que tu m'as insufflée par l'humanité de ton Fils, par le ministère de ton Annonciateur.

« Confessio fidei » : l'essence de Dieu.

II. 2. Mais comment invoquerai-je mon Dieu, mon Dieu et mon Seigneur, puisque, assurément, l'invoquer, c'est invoquer sa venue en

A. Rm (Épître aux Romains), 10, 14. • B. Ps 22 (21), 27. • C. Voir Mt (Évangile selon Matthieu) 7, 7.

moi ? Or quel lieu y a-t-il en moi où puisse en moi venir mon Dieu, où Dieu puisse venir en moi, Dieu qui *a fait le ciel et la terre*[A] ?

Dieu, mon Seigneur, y a-t-il en moi un lieu qui te contienne ? Ou bien le ciel et la terre, que tu as faits, et où tu m'as fait, te contiennent-ils ? Ou bien, puisque, sans toi, rien de ce qui est ne serait, s'ensuit-il que tout ce qui est te renferme ? Mais alors, puisque moi aussi je suis, qu'ai-je à demander que tu viennes en moi, moi qui ne serais pas, si tu n'étais en moi ? C'est qu'en effet je ne suis pas encore aux enfers — et encore y es-tu : car *descendrais-je même aux enfers, tu es là*[B]. Je ne serais donc pas, mon Dieu, je ne serais absolument pas, si tu n'étais en moi. Peut-être plutôt ne serais-je pas, si je n'étais en toi, *de qui, par qui, en qui toute chose est*[C].

Oui, c'est cela, Seigneur, c'est cela. Mais alors, où va te faire venir mon invocation, puisque je suis en toi ? Et d'où peux-tu venir en moi ? En effet, où me retirer hors du ciel et de la terre, pour que de là advienne en moi mon Dieu qui m'a dit : *Le ciel et la terre, moi, je les remplis*[D] ?

III. 3. Le ciel et la terre te renferment-ils donc, puisque tu les remplis[E] ?

Ou bien, quand ils sont remplis, y a-t-il un reste de toi, puisqu'ils ne te renferment pas ? Et

A. Gn (Genèse) 1, 1. • B. Ps 139 (138), 8. • C. Rm 11, 36. • D. Jr (Livre de Jérémie) 23, 24. • E. Voir *ibid.*

ce qui reste de toi, une fois remplis le ciel et la terre, où le reverses-tu ?

Ou bien tu n'as besoin d'aucune place pour y être contenu, toi qui contiens toutes choses, puisque les êtres que tu remplis, c'est en les contenant que tu les remplis ? Ce ne sont pas, en effet, les vases pleins de toi qui te donnent consistance : même s'ils se brisent, tu ne te répands pas ; et quand tu te répands sur nous, tu ne te répands pas à terre, mais tu nous relèves de terre ; tu ne t'éparpilles pas, mais tu nous rassembles. Et tous les êtres que tu remplis, les remplis-tu tous de toi ?

Ou bien alors, puisque à eux tous ils ne sauraient te renfermer tout entier, renferment-ils une partie de toi, et, tous à la fois, renferment-ils la même partie ?

Ou bien renferment-ils chacun une partie, les plus grands une plus grande, les plus petits une plus petite ? C'est donc qu'il y a en toi une partie plus grande, une partie plus petite ?

Ou bien es-tu tout entier partout, sans que rien ne te renferme tout entier ?

IV. 4. Qu'est-ce donc que mon Dieu ?
Qu'est-ce, je le demande, sinon le Seigneur Dieu ?
Qui, sinon le Seigneur, est en effet Seigneur ?
Qui, sinon Dieu, est Dieu[A] ?

A. Ps 18 (17), 32.

« Confessio laudis » : hymne.

Ô Très-Haut, ô Très Bon,
Très Puissant, Tout-Puissant,
Très Miséricordieux et Très plein de Justice,
Très secret, Très présent,
Plein de beauté, de force,
Stable et Insaisissable,
Immuable et muant tout,
Jamais neuf, jamais vieux,
Innovant toutes choses, *menant à vétusté le Superbe, à son insu*[A].
Tu es toujours en acte et toujours en repos,
Amassant, sans besoin,
Portant, et remplissant, et protégeant,
Créant, et nourrissant, et achevant,
Étant toujours en quête, bien que rien ne te manque.
Tu aimes sans brûler,
Tout plein de jalousie et de sécurité,
Tout plein de repentir, sans aucune souffrance,
Et tout plein de colère et de tranquillité.
Tu changes dans ton œuvre, sans changer de dessein,
Tu reprends quand tu trouves, et n'as jamais perdu.
Et jamais sans ressources, et joyeux de tes gains ;

A. Jb (Livre de Job) 9, 5.

Tu n'es jamais cupide, et réclames des intérêts ;
On te donne en surplus pour que tu sois en dette ;
Et qui possède rien qui ne t'appartienne ?
Tu acquittes les dettes sans devoir à personne ;
Et tu remets les dettes, sans rien perdre du tout.

Que venons-nous de dire, mon Dieu, ma vie, ma Douceur sainte ? Et que dit-on quand on dit quelque chose de toi ? Oui, et pourtant, malheur à qui se tait sur toi, puisque, tout bavard qu'il est, il reste muet.

« Confessio uitae » : l'appel du pécheur.

V. 5. Qui donc me donnera de reposer en toi ?
Qui donc me donnera que dans mon cœur tu viennes,
L'enivrant, me faisant oublier tous mes maux,
Et que je puisse étreindre mon unique bien, Toi ?
Qu'est-ce que tu es pour moi ?
Aie pitié, que je parle !
Qu'est-ce que je suis pour toi,
Pour que tu me commandes de t'aimer,
Que, si je ne le fais, irrité contre moi,
D'immenses misères tu me menaces ?
N'est-ce donc point déjà un début de misère
Que de ne point t'aimer ? Hélas !
Au nom de tes miséricordes,
Seigneur mon Dieu, dis-moi ce que tu es pour moi ;

À mon âme proclame : *Moi, je suis ton salut*[A].
À ces mots, je courrai et je te saisirai.
Non, ne me voile pas ta face :
Ah ! Pour ne pas mourir, oui, mourir pour la voir !

6. Bien trop étroite est la demeure de mon âme
Pour que tu y pénètres : agrandis-la.
Elle s'écroule en ruine : restaure-la.
Elle blesserait ton regard : je sais, je le confesse.
Mais à qui d'autre que toi irais-je proclamer :
De mes fautes cachées, purifie-moi, Seigneur,
Et de celles d'autrui, ton serviteur préserve[B] ?
Je crois et c'est pourquoi je parle aussi, Seigneur[C],
Tu le sais[D].
N'ai-je pas dénoncé *devant toi mes délits*,
Et cela contre moi, mon Dieu ?
Ne m'as-tu pas *remis l'impiété de mon cœur*[E] ?
Je ne fais pas appel contre toi[F], Vérité,
Et je ne veux pas, moi, m'illusionner moi-même ;
Non, je ne fais donc pas appel contre toi,
Car, *si tu considères, Seigneur, l'iniquité,*
Seigneur, qui donc subsistera[G] ?

VI. 7. Laisse-moi toutefois parler sous le regard de ta miséricorde, moi qui ne suis que *terre et cendre*[H]. Laisse-moi toutefois parler : car

A. Ps 35 (34), 3. • B. Ps 19 (18), 13. • C. Ps 116, 10 (115, 1 [Septante]). • D. Ps 69 (68), 6. • E. Ps 32 (31), 5. • F. Jb 9, 3. • G. Ps 130 (129), 3. • H. Gn 18, 27.

voici que c'est à ta miséricorde que je parle, et non à un homme qui se rirait de moi. Peut-être que toi aussi tu te ris de moi, mais tourne-toi vers moi, et tu auras pitié.

LES NAISSANCES

La naissance à la vie.

Que veux-je dire, Seigneur, sinon que je ne sais d'où je suis venu ici — dois-je dire : dans cette vie mourante ou : dans cette mort vivante ? je ne sais. J'y ai été accueilli par les consolations de tes miséricordes[A], comme je l'ai appris de mes père et mère selon la chair, de celui par qui et de celle en qui tu m'as formé dans le temps ; car, pour ma part, je n'en ai nul souvenir.

Me voilà donc accueilli par les consolations du lait humain. Mais ce n'était pas ma mère ou mes nourrices qui s'emplissaient les seins : c'est toi qui par elles me donnais l'aliment de l'enfance selon ton projet qui répartit les richesses jusqu'au fond de la création, et c'est encore toi qui nous donnais, à moi de ne pas vouloir plus que tu ne donnais, et à celles qui me nourrissaient de vouloir me donner tout ce que tu leur donnais : de fait, elles voulaient, selon un sentiment conforme à l'Ordre, me donner ce qu'elles rece-

A. Voir Ps 94 (93), 19 ; etc.

vaient en abondance de toi. C'était un bien pour elles, ce bien que je recevais d'elles ; il ne venait pas d'elles, mais il passait par elles. Car c'est de toi, mon Dieu, que viennent tous les biens, c'est de mon Dieu que me vient le salut en tout, comme je l'ai reconnu plus tard : tu me l'as proclamé par ces bienfaits mêmes que tu accordes au-dedans et au-dehors. Car, en ce temps-là, je ne savais que téter, m'apaiser ou pleurer, selon que ma chair se trouvait charmée ou blessée, rien de plus.

8. Je commençais ensuite à rire, d'abord dans mon sommeil, puis éveillé : c'est ce que l'on m'a révélé sur moi, et je l'ai cru, puisque tel est aussi, nous le voyons, le comportement d'autres enfants, car ce qu'il en était alors de moi, je ne m'en souviens pas.

Et voici que peu à peu surgissait la conscience du lieu où j'étais, et je voulais manifester mes volontés à mon entourage, qui devait les exécuter ! Mais je ne le pouvais pas : mes volontés, elles étaient dedans, et, eux, ils étaient dehors, ne pouvant par aucun de leurs sens pénétrer dans mon âme.

Aussi, je lançais en désordre gestes et cris, signes qui se voulaient être les reflets de mes volontés. Leur nombre et leur qualité étaient proportionnés à mes faibles moyens : ils n'étaient pas des reflets fidèles, et, quand on ne me cédait pas, soit faute de comprendre, soit par crainte de me nuire, je m'indignais contre ces « grandes personnes » qui ne se soumettaient pas, et contre ces « personnes libres » qui ne se faisaient pas mes esclaves, et je me vengeais d'elles en pleurant.

Tels sont les enfants, d'après les observations que j'ai pu faire, tel je fus moi-même : sans le savoir, les enfants m'ont bien mieux renseigné là-dessus que mes nourrices avec leur savoir.

9. Et voilà que ma première enfance est morte depuis longtemps, et, moi, je vis.

Mais toi, Seigneur,
Et toujours tu vis, et en toi rien ne meurt :
Avant les commencements des siècles,
Et avant même tout ce qui peut s'appeler « avant »,
Tu es, et tu es Dieu et Seigneur de tout ce que tu as créé,
Et en toi subsistent les causes de tous les êtres instables,
Et demeurent, immuables, les origines de tous les êtres muables,
Et, vivantes, les raisons éternelles de tous les êtres sans raison et sujets au temps.

Réponds-moi, Dieu miséricordieux, réponds à ma misérable supplique : mon enfance a-t-elle succédé à une quelconque période de ma vie ? Ou simplement à celle que j'ai passée dans le sein de ma mère — j'en ai entendu parler, et j'ai moi-même vu des femmes enceintes ? Et avant cette période, qu'en était-il, ô ma Douceur, mon Dieu ? Ai-je été quelque part, ai-je été quelqu'un ? Je n'ai personne pour me le dire : ni mon père, ni ma mère ne l'auraient pu, ni l'expérience des autres, ni ma propre mémoire.

Sans doute ris-tu de moi quand je pose ces questions, et m'ordonnes-tu de te louer et de confesser ta gloire, simplement pour ce que je sais.

10. Je vais donc confesser ta gloire, *Seigneur du ciel et de la terre*[A], en te louant pour mes commencements et ma première enfance dont je n'ai pas souvenance. Mais tu as donné à l'homme de les conjecturer d'après autrui, et de se reporter, pour beaucoup de détails personnels, à l'autorité du témoignage même d'humbles femmes.

Ainsi donc j'existais, j'étais déjà un être vivant : et ces signes pour traduire mes sentiments à autrui, déjà sur la fin de ma première enfance je les cherchais.

D'où venait, sinon de toi, Seigneur, un tel être vivant ? Quelqu'un va-t-il être l'artisan de sa propre création ? Y a-t-il une source d'où s'écouleraient en nous l'être et la vie, une source autre que ton œuvre de créateur à toi, Seigneur, pour qui être et vivre ne sont pas deux modalités différentes, puisque Être au degré suprême et Vivre au degré suprême, c'est tout un ? Tu es, en

A. Mt 11, 25.

effet, et cela au degré suprême, et tu ne changes pas ; et en toi l'aujourd'hui ne s'écoule pas, tout en s'écoulant pourtant, parce qu'en toi sont aussi toutes ces choses qui, si tu n'étais leur contenant, n'auraient pas de voie par où s'écouler. Et, puisque *tes ans ne déclinent point*[A], tes ans sont un « aujourd'hui ». Et combien déjà de nos jours, de jours de nos pères sont passés par ton « aujourd'hui » qui leur a donné leur mesure et leur mode d'exister ! Et il en passera encore d'autres qui recevront leur mesure et leur mode d'exister. *Mais, toi, tu es toujours le même*[B], et tous les demains et ceux qui les suivront, tous les hiers et ceux qui les ont précédés, tu les feras « aujourd'hui », tu les as faits « aujourd'hui ».

Qu'y puis-je si quelqu'un ne comprend pas ? Qu'il se réjouisse au contraire, même s'il dit : « Mais qu'est-ce donc[C] ? » Qu'il se réjouisse même ainsi, et qu'il préfère, en ne trouvant pas, te trouver, toi, plutôt qu'en trouvant ne pas te trouver !

La naissance au péché.

VII. 11. Écoute, ô mon Dieu ! Malheur aux péchés des hommes ! Ainsi parle un homme, et tu le prends en pitié, puisque c'est toi qui l'as fait, sans avoir toutefois fait le péché en lui.

Qui va me rappeler le péché de ma première

A. Ps 102 (101), 28. • B. *Ibid.* • C. Voir Ex (Exode) 16, 15.

enfance ? Car *personne n'est devant toi pur de péché, pas même l'enfant qui n'a sur terre vécu qu'un seul jour*[A].

Qui va me le rappeler ? Peut-être n'importe lequel des tout petits enfants de maintenant chez qui je vois ce dont je ne me souviens pas pour moi ?

Quel était alors mon péché ? Pleurer en tendant ma bouche vers le sein ? Que je le fasse à présent, en tendant — non pas vers le sein mais vers une nourriture conforme à mon âge — la bouche ouverte, on se rira de moi et on me blâmera, et l'on aura bien raison ! C'est donc que je faisais alors des choses blâmables. Mais comme je ne pouvais comprendre le blâme, ni la coutume ni la raison ne permettaient qu'on me blâmât ; et, de fait, nous extirpons et rejetons ces comportements en grandissant ; or je n'ai vu personne qui, sciemment, en voulant purifier quelque chose, rejetât un bien. Était-ce bien, même à cet âge, de pleurer pour demander une chose qui, une fois donnée, eût été nuisible ? De s'indigner âprement contre l'insoumission d'hommes libres, des « grandes personnes » que sont les parents ? Et, en outre, devant bien des personnes plus « raisonnables » qui n'obtempèrent pas au moindre signe de caprice, de frapper en s'efforçant de faire le plus de mal possible, parce qu'elles n'obéissent pas à des ordres auxquels il serait pernicieux d'obéir ?

A. Jb 14, 4 et suiv. (Septante).

C'est donc bien la faiblesse du corps qui est innocente chez l'enfant, mais pas son âme. J'ai moi-même vu et constaté la jalousie chez un tout-petit : il ne parlait pas encore, et il fixait, tout blême, un regard amer sur son frère de lait. Qui l'ignore ? Les mères et les nourrices disent bien qu'elles cherchent à conjurer ces comportements par je ne sais quels charmes ! À moins... de définir l'innocence comme l'incapacité — alors que la source de lait coule en abondance, à flots — de la partager avec un frère dénué de tout et qui ne saurait subsister que par ce seul aliment ! Mais on supporte ces réactions avec complaisance, non qu'elles aient une valeur nulle ou insignifiante, mais parce qu'avec les années elles sont appelées à disparaître. La preuve ? On ne saurait les supporter d'humeur égale si on les surprend chez quelqu'un de plus âgé.

12. C'est toi, Seigneur mon Dieu, qui as donné à l'enfant la vie et un corps ; ce corps, nous le voyons, tu l'as pourvu de sens, tu l'as charpenté de membres, tu l'as embelli dans son aspect, et, par son harmonie et son intégrité, tu as introduit en lui toutes les impulsions de son être vivant.

C'est pourquoi tu me demandes de te louer en cela, de *confesser et chanter ton nom, ô Très-Haut*[A]. N'aurais-tu fait que cela, tu restes un Dieu tout-puissant et bon : personne d'autre ne

A. Ps 92 (91), 2.

pourrait le faire que toi, toi seul, par qui existe toute Mesure, toi, Forme parfaite qui donnes forme à toute chose, et qui par ta Loi places dans l'Ordre toutes choses.

Cet âge donc, Seigneur, je ne me souviens pas de l'avoir vécu ; d'autres m'y ont fait croire, et c'est d'après d'autres enfants que j'en ai conjecturé le déroulement ; mais, malgré la sûreté de mes conjectures, j'ai peine à le faire entrer dans le décompte de ma vie, celle que je vis aujourd'hui ici-bas. Appartenant aux ténèbres de mon oubli, il va rejoindre celui que j'ai vécu dans le sein de ma mère. Et si *dans l'iniquité j'ai été conçu, dans le péché ma mère m'a nourri en son sein*[A], où donc, mon Dieu, je te le demande, où donc, Seigneur, *moi, ton serviteur*[B], où et quand ai-je été dans l'innocence ?

Mais voici que j'abandonne cette époque-là : qu'ai-je encore à faire avec elle, elle dont ma mémoire ne garde aucune trace ?

La naissance au langage.

VIII. 13. Au sortir de la prime enfance, je suis arrivé — n'est-il pas vrai ? — sur le chemin de ma vie, au jeune âge ; ou, plutôt, n'est-ce pas lui qui est venu en moi en succédant au précédent, lequel, sans être parti (pour aller où donc ?), n'existait pourtant plus ?

A. Ps 51 (50), 7. • B. Ps 116, 16 (115, 7).

C'est que je n'étais plus un bébé sans parole, j'étais déjà un enfant parleur. Cela je m'en souviens ; mais comment avais-je acquis le langage ? Ce n'est que plus tard que je m'en rendis compte. Rien d'un enseignement où des grandes personnes m'auraient instruit en me présentant, selon un ordre et une méthode particuliers, les mots (comme, un peu plus tard, l'alphabet). Non, j'appris tout seul, avec l'intelligence que tu m'as donnée, mon Dieu : je voulais, en geignant, criant, gesticulant à tous vents, exprimer les intentions de mon cœur, pour qu'on obéît à ma volonté ; mais, comme je ne pouvais ni exprimer tout ce que je voulais, ni le faire à tous ceux que je voulais, j'y suppléais par ma mémoire : quand les gens nommaient un objet en accompagnant ce son d'un geste vers une chose, je regardais, et je retenais que cette chose s'appelait du son qu'ils faisaient résonner lorsqu'ils voulaient la désigner. D'ailleurs cette intention apparaissait dans les mouvements du corps, sorte de langage naturel de tous les peuples, langage constitué par un regard, un clin d'œil, des gestes, une intonation : ce sont là autant de signes du sentiment de l'âme, quand il s'agit de demander, posséder, rejeter ou fuir des réalités. Et c'est ainsi que, les mots mis à leur place dans diverses phrases et souvent entendus, j'arrivais peu à peu à conclure de quels objets ils étaient les signes ; dès lors, j'énonçais mes volontés par ces signes à l'apprentissage desquels ma bouche s'était soumise.

Voilà comment, pour énoncer mes volontés, je fis échange de signes avec mon entourage, entrant plus avant dans le commerce orageux de l'humanité, suspendu à l'autorité de mes parents et à ce que signifiaient les « grandes personnes ».

La naissance au savoir.

IX. 14. Dieu, ô mon Dieu, quelles misères et quelles illusions ai-je alors connues, vu qu'on proposait à l'enfant que j'étais, comme règle de vie droite, d'obéir à ceux qui m'engageaient à briller en ce monde, en excellant dans les arts du bavardage, serviles voies d'accès aux honneurs des hommes et aux richesses illusoires !

On me plaça alors à l'école pour y apprendre les lettres : ce qu'elles comportaient d'utilité, je l'ignorais encore, pauvre de moi ; et pourtant, si je montrais quelque paresse à apprendre, on me battait, méthode louée par les grandes personnes : bien d'autres avant nous avaient frayé les voies des tourments par où il nous fallait passer de force, redoublant labeur et douleur pour les fils d'Adam[A].

D'autre part, nous avons rencontré, Seigneur, des hommes qui t'imploraient, et nous avons appris d'eux, en le comprenant dans la mesure de nos moyens, que tu étais quelqu'un de grand, que tu pouvais, même sans apparaître à nos

A. Voir Gn 3, 16.

sens, écouter nos appels et nous secourir. De fait, tout enfant, je me suis mis à te prier, toi, *mon secours et mon refuge*[A].

C'est pour t'invoquer que je rompais les liens de ma langue, et, petit garçon, je te priais avec une ardeur non petite de n'être pas battu à l'école ; et, quand tu ne m'exauçais pas (ne voulant pas commettre *une sottise pour moi*[B]), on riait : les grandes personnes, et jusqu'à mes parents eux-mêmes (qui ne voulaient pourtant pas qu'il m'arrivât le moindre mal !), se riaient des contusions qui, à mes yeux, constituaient alors un grand et pénible mal.

15. Existe-t-il, Seigneur, quelque cœur assez grand, uni à toi d'affection intense, existe-t-il, dis-je — car une certaine stupidité en arrive là aussi ! —, existe-t-il donc quelque cœur saintement uni à toi par une affection, et qui soit toutefois capable de faire si peu cas des chevalets, ongles de fer et autres instruments variés de torture — auxquels on cherche à échapper en t'adressant de tout l'univers des supplications mêlées d'un effroi extrême —, et de rire de ceux qui les redoutent si vivement ? C'est pourtant ce que faisaient nos parents qui riaient des tourments que les maîtres nous infligeaient à nous, enfants. Et notre peur n'était pas moindre, ni moindres nos supplications pour y échapper. Et

A. Ps 94 (93), 22. • B. Ps 21, 3 (Septante).

pourtant nous péchions en mettant à écrire, à lire, à repasser les lettres, un soin moindre qu'on ne l'exigeait de nous. Ce n'était pas, Seigneur, faute de mémoire ou d'intelligence — par ta volonté, nous en avions suffisamment pour cet âge —, mais nous aimions le jeu, et nous étions châtiés par des gens qui en tout point agissaient comme nous. Mais on appelle « affaires » les amusements futiles des adultes, et, bien que ceux des enfants soient de même nature, les adultes les châtient. Et personne ne plaint ni les enfants, ni les adultes, ni les uns et les autres. À moins… que quelque juge n'approuve que j'aie été battu pour avoir, dans mon enfance, joué à la balle et m'être trouvé, par ce jeu, empêché d'apprendre rapidement les lettres qui me permettraient, à l'âge adulte, de me livrer à des jeux moins innocents ! Mais faisait-il autre chose, celui-là même qui me battait ? Si, dans une discussion pour une broutille avec un de ses collègues, il se trouvait vaincu, la jalousie lui tourmentait la bile bien plus que moi lorsque, dans un championnat de balle, un de mes compagnons de jeu l'emportait !

X. 16. Et cependant je péchais, Seigneur Dieu, modérateur et créateur de toutes les choses de la nature, sauf des péchés que tu règles seulement, Seigneur mon Dieu ; je péchais en agissant contre les préceptes de mes parents et de ces maîtres : car je pouvais, plus tard, faire un bon usage des lettres que les miens voulaient me faire apprendre, quelle que fût leur intention. Ce n'était pas, en effet, par désir d'un meilleur choix que je désobéissais, mais par amour du jeu : dans les compétitions, j'aimais les victoires altières, j'aimais à sentir mes oreilles chatouillées par des contes mensongers pour en éprouver des démangeaisons plus vives, tandis que, de plus en plus forte, étincelait dans mes yeux la même curiosité qui me poussait vers les spectacles : spectacles qui ne sont que jeux, mais jeux d'adultes, à qui toutefois (je parle de ceux qui les donnent) ces jeux mêmes confèrent un si haut degré de considération que presque tous les citoyens souhaitaient cet honneur pour leurs enfants ; et pourtant ils supportent volontiers que l'on frappe ces mêmes enfants si de tels spectacles venaient à les distraire des études qui devaient (selon le vœu même des parents !) les amener à en faire donner de semblables.

Vois ces choses, Seigneur, avec miséricorde, et délivre-nous, nous qui t'invoquons déjà. Délivre aussi ceux qui ne t'invoquent pas encore, afin qu'ils t'invoquent et que tu les délivres !

La naissance à la grâce.

XI. 17. C'est que j'étais encore enfant quand j'avais entendu parler de la vie éternelle, promise par l'humilité du Seigneur notre Dieu, qui s'abaisse jusqu'à notre superbe ; c'est que j'étais déjà signé du signe de sa croix, et déjà imprégné de son sel dès la sortie du sein de ma mère qui mettait tant d'espoir en toi.

Tu l'as vu, Seigneur : j'étais encore enfant lorsqu'un jour une oppression de poitrine me rendit soudain brûlant de fièvre, aux portes de la mort. Tu l'as vu, puisque déjà tu étais mon gardien, avec quel élan de l'âme et quelle foi j'ai réclamé le baptême de ton Christ, mon Dieu et Seigneur, implorant la piété de ma mère et celle de notre Mère à tous, ton Église. Troublée, la mère de ma chair, cherchant, avec encore plus d'amour, à enfanter, d'un cœur chaste dans la foi, mon salut éternel, allait se hâter de prendre des mesures pour que, te confessant toi, Seigneur Jésus, pour la rémission des péchés, je fusse initié et lavé aux sacrements du salut, lorsque soudain je repris vie. C'est ainsi que fut différée ma purification : j'allais fatalement, en continuant à vivre, continuer à me souiller, et, après ce bain sacré, rendre, selon toute apparence, plus lourde et plus périlleuse la charge due aux souillures du péché.

Ainsi donc, j'étais déjà croyant, ma mère aussi et toute la maisonnée, à l'exception de mon père qui pourtant n'évinça pas en moi le droit de la piété maternelle pour m'empêcher de croire au Christ, à son exemple, lui qui n'y croyait pas encore. Il faut dire qu'elle faisait tout pour que toi, mon Dieu, tu fusses mon père, plutôt que lui ; et, en cela, tu l'aidais à l'emporter sur son mari à qui, tout en étant meilleure que lui, elle restait soumise, parce qu'en cela c'est à toi qu'elle se soumettait, à toi qui lui enjoignais cette soumission.

18. Je t'en prie, mon Dieu, je voudrais (à supposer que toi-même tu y consentes) savoir par quel dessein fut ajourné mon baptême : a-t-on voulu, prétextant mon bien, relâcher en quelque sorte les rênes de mes péchés ? Ou peut-être ne se sont-elles pas trouvées relâchées de fait ? Mais d'où vient donc que, maintenant encore, à propos de tel ou tel autre, on nous rebatte les oreilles : « Laisse-le faire ; il n'est pas encore baptisé ! » S'agissant pourtant de la santé du corps, nous ne disons pas : « Laisse-le se blesser davantage : il n'est pas encore guéri ! »

Combien eût-il mieux valu pour moi et d'être rapidement guéri et d'obtenir, par mon zèle et celui des miens, qu'une fois reçu le salut de mon âme que tu m'aurais donné, ce salut fût assuré sous ton assurance ! Oui, il eût bien mieux valu ! Mais que de flots — et quels flots ! — de tentations apparaissaient, chargés de menaces, par-delà l'enfance ! Ils étaient déjà connus de cette mère, et, à ces flots, c'est la glèbe, d'où surgirait plus tard ma forme[A], qu'elle voulait exposer plutôt que l'effigie elle-même.

A. Voir Gn 2.

La naissance à la culture.

XII. 19. Cependant, durant cette enfance même, qui donnait, à mon propos, de moindres sujets de crainte que l'adolescence, je n'aimais pas l'étude des lettres, et d'y être contraint m'était odieux. On m'y contraignait pourtant, et c'était bien fait pour moi. C'est moi qui ne faisais pas bien, moi qui n'aurais pas appris sans y être obligé — nul, en effet, ne fait bien, fût-ce bien en soi, ce qu'il fait à contrecœur ; et ceux-là qui me contraignaient ne faisaient pas bien non plus. Mais c'était pour moi un bienfait de ta part, mon Dieu. C'est que, eux, ils voyaient comme unique but (où appliquer ce à quoi j'étais contraint) la satiété des insatiables appétits d'une opulente indigence et d'une honteuse gloire. Toi, au contraire, pour qui *tous nos cheveux sont comptés*[A], utilisant l'erreur de tous ceux qui me pressaient d'apprendre, tu la faisais servir à mon profit ; quant à mon erreur, à moi qui refusais d'apprendre, tu la faisais servir à mon châtiment, et je le méritais bien, moi, si petit enfant et déjà si grand pécheur ! Ainsi, de ceux qui ne faisaient pas bien tu tirais un bienfait pour moi, et de mon propre péché tu tirais une juste rétribution. Telle est en effet ta

A. Mt 10, 30.

prescription : que toute âme en désordre porte en elle-même sa sanction immanente.

XIII. 20. D'autre part, quelle raison avais-je de honnir le grec, dont on cherchait à me donner une teinture dès la première enfance ? Même aujourd'hui je ne l'ai pas bien tiré au clair. Si, en effet, j'avais pris un goût extrême aux lettres latines, ce n'était pas selon l'enseignement des « premiers maîtres », mais selon celui des « grammairiens » comme on les appelle ; et, de fait, les rudiments — apprentissage de la lecture, de l'écriture, du calcul — étaient à mes yeux une punition accablante au même titre que l'ensemble des lettres grecques. Et pourtant d'où venait-elle, cette impression aussi, sinon du péché et de la vanité de la vie, qui me faisait être *chair et souffle qui erre sans revenir*[A] ? Car enfin, elles étaient meilleures (étant plus sûres !), ces premières études de lettres, qui menaient à l'apprentissage, à l'acquisition, et aujourd'hui à la maîtrise des moyens de lire tous les écrits que je trouve, et d'écrire à mon tour tout ce que je veux ; oui, elles étaient meilleures que celles où l'on me contraignait à retenir, oublieux de mes propres errances, les errances d'un je ne sais quel Énée, et à pleurer sur la mort de Didon, parce qu'elle se serait tuée par amour, cependant que moi-même, au cours des études, je mourais

A. Ps 78 (77), 39.

loin de toi, ô Dieu, ma Vie, et que, dans ma misère extrême, je supportais cela les yeux secs.

21. Qu'y a-t-il, en effet, de plus misérable qu'un misérable qui, indifférent à sa propre misère, pleure sur Didon, morte par amour pour Énée, mais ne pleure pas sur lui-même, mort faute d'amour pour toi, ô Dieu, Lumière de mon cœur, Pain de la bouche intérieure de mon âme, Vertu qui fécondes mon intelligence et le sein de ma pensée ?

Ce n'est pas toi que j'aimais, et *je forniquais loin de toi*[A], et dans mes fornications j'entendais de toutes parts : « Vas-y ! Vas-y ! » Car aimer ce monde-ci, c'est *forniquer loin de toi*, et l'on dit : « Vas-y ! Vas-y ! » pour faire honte à l'homme qui ne se conduit pas ainsi. Et ce n'est pas sur cela que je pleurais ; ce sur quoi je pleurais, c'était Didon, dont le poète a dit :

Tu n'es plus ; par le fer tu mis fin à tes jours[1],

tandis que, moi-même, je plongeais au fin fond de ta création, en te délaissant, et, terre, je m'en allais à la terre. Si l'on m'avait interdit cette lecture, j'aurais souffert de ne pouvoir la faire, alors même qu'elle me faisait souffrir. Voilà la folie qui fait considérer les études littéraires comme

A. Ps 73 (72), 27 ; 40 (39), 16.
1. Virgile, *Énéide*, VI, 457.

plus honorables et plus fructueuses que mon apprentissage de la lecture et de l'écriture.

22. Mais, aujourd'hui, qu'en mon âme mon Dieu me crie, et que ta Vérité me dise : « Non, il n'en est pas ainsi ! Non, il n'en est pas ainsi ! Le meilleur enseignement, à coup sûr, c'est le premier. » Oui, voici que je suis plus disposé à oublier les errances d'un Énée et autres fables du même genre que la pratique de l'écriture et de la lecture, car assurément les tentures qui pendent au seuil des écoles de grammaire signifient moins le prestige du secret que le voile qui cache l'erreur.

Qu'ils ne crient pas contre moi, ceux que je ne redoute plus en te confessant les désirs de mon âme, et que je trouve le repos à dénoncer les voies mauvaises, afin de pouvoir aimer tes voies bonnes ! Qu'ils ne crient pas contre moi les vendeurs ou acheteurs de l'école de grammaire ! Car si je leur demandais : « Est-il vrai, comme le dit le poète, qu'Énée soit jadis venu à Carthage ? », les moins doctes diront qu'ils n'en savent rien, et les plus doctes diront même que ce n'est pas vrai. Si au contraire je demande l'orthographe du mot « É. N. É. E. », alors tous ceux qui ont appris à lire répondent juste, selon le contrat et la convention qui ont fixé entre les hommes la valeur de ces signes. De même, si je demandais ce qui serait le plus gênant dans la vie, d'oublier la lecture et l'écriture, ou d'oublier ces fictions poétiques, qui ne verrait la réponse de quiconque n'a pas totalement perdu conscience de soi ?

Je péchais donc, déjà tout enfant, en aimant mieux ceci que cela qui était plus utile, ou plutôt en détestant les premières pour aimer les secondes : « 1 et 1 font 2 ; 2 et 2 font 4 » m'était une odieuse rengaine, alors que m'était des plus doux le spectacle des vanités : le cheval de bois plein de soldats en armes, l'incendie de Troie, et

Jusqu'à l'ombre de Créuse elle-même[1].

XIV. 23. Mais alors pourquoi avais-je de l'aversion aussi pour l'étude du grec, qui comportait de semblables rengaines ? À la vérité, Homère est, lui aussi, habile à tisser de telles fictions : délicieusement creux, il était pourtant amer à l'enfant que j'étais. Tel pourrait être aussi, je crois, Virgile pour des enfants grecs contraints de l'apprendre, comme j'étais, moi, contraint d'apprendre Homère. C'était sans doute la difficulté, oui, la difficulté d'apprendre à fond une langue étrangère, qui aspergeait de son fiel tous les charmes des récits fabuleux écrits en grec : je ne connaissais en effet rien de ce vocabulaire, et c'est en me terrorisant cruellement et en me châtiant qu'on faisait vivement pression sur moi pour me le faire apprendre.

Les mots latins, assurément, il fut un temps,

1. Virgile, *Énéide*, II, 772.

dans ma première enfance, où je n'en connaissais aucun, c'est vrai ; et pourtant, à force d'attention, j'ai commencé à en apprendre, sans crainte ni tourment aucun, parmi même les caresses de mes nourrices, badineries, rêves, gaietés et jeux ; j'ai appris ces mots, sans le poids d'un fardeau de châtiments, sous la seule pression de mon cœur qui voulait mettre au jour ses pensées : cela n'aurait pu se faire si je n'avais pas appris des mots, non des maîtres, mais de mes interlocuteurs, en cherchant à faire naître en eux, par l'intermédiaire de leurs oreilles, mes impressions. Cela met bien en lumière que, pour cette étude, une libre curiosité est plus efficace qu'une contrainte redoutée ; mais les flots de la première sont endigués par la seconde, grâce à tes lois, ô Dieu, oui, grâce à tes lois qui, depuis les férules des maîtres jusqu'aux épreuves des martyrs, savent nous verser un mélange salutaire, pour nous ramener vers toi en nous arrachant aux pestilentielles douceurs qui nous ont écartés de toi.

XV. 24. *Seigneur, écoute ma prière*[A] : que mon âme ne défaille pas sous ta discipline, et que je ne défaille pas dans la confession de tes miséricordes qui m'ont arraché à tous mes chemins de perversité. Que tu te fasses pour moi douceur plus forte que toutes les séductions que je sui-

A. Ps 61 (60), 2.

vais, et que je t'aime au plus fort et étreigne ta main de toutes mes entrailles, que jusqu'à la fin tu m'arraches à toute tentation.

Voici que toi, Seigneur, *tu es mon Roi et mon Dieu*[A]. Que se mette à ton service tout ce que j'ai appris d'utile dans mon enfance, à ton service ma faculté de parler, d'écrire, de lire, de compter, puisque, lors même que j'apprenais des vanités, c'est toi qui me donnais une discipline, et que, lors même que je péchais en m'y complaisant, tu m'as pardonné. Oui, j'ai en effet appris, là, beaucoup de mots utiles ; mais on peut aussi bien les apprendre ailleurs que dans des vanités : voilà le chemin sûr où devraient marcher les enfants.

XVI. 25. Ah ! Malheur à toi, fleuve de l'humaine coutume ! Qui te résistera ? Encore combien de temps avant que tu ne t'assèches ? Jusques à quand rouleras-tu les fils d'Ève vers la vaste et redoutable mer que traversent avec peine ceux qui se sont embarqués sur le bois de la Croix[1] ? Ne m'as-tu pas fait lire[2] que Jupiter était à la fois « tonnant » et adultère ? Impossible, bien sûr, qu'il fût les deux en même temps !

A. Ps 18 (17), 3.

1. Le terme *lignum*, « bois », signifiant par synecdoque « navire » est ici surdéterminé par le symbolisme du « bois » de la Croix.

2. Allusion (reprise plus loin) à Térence, *L'Eunuque*, III, 5, 585 et suiv.

Mais le résultat c'est que, un tonnerre fictif faisant office d'entremetteur, son exemple autorise un adultère véritable. Or y a-t-il un seul de ces maîtres, drapés dans leurs manteaux, qui resterait serein s'il entendait un homme issu du même milieu que lui se récrier et dire : « Ce sont là fictions d'Homère : il donne des dieux une image anthropomorphique. Je préférerais qu'il donnât de nous une image théomorphique ! » ? Il serait en fait plus vrai de dire : « Fiction peut-être ; mais, en attribuant à la corruption humaine un visage divin, elle est bien destinée à empêcher la corruption de passer pour telle, et à permettre à qui s'y adonnerait de paraître suivre l'exemple non pas de vauriens, mais des dieux du ciel. »

26. Et cependant, ô fleuve tartaréen, se laissent ballotter en tes ondes les fils des hommes, tandis qu'on va jusqu'à payer des honoraires pour qu'ils apprennent cela ! Et l'enjeu est d'importance, quand cela se déroule en public, au forum, au regard des lois qui, outre ces honoraires, attribuent des salaires officiels. Tu viens frapper tes rives rocheuses, et dans ce fracas tu proclames : « C'est d'ici que vient l'apprentissage de la parole, d'ici l'acquisition de l'éloquence absolument indispensable pour persuader et pour développer ses pensées ! »

Ainsi donc, ne pouvions-nous pas connaître ces mots « pluie d'or », « giron », « duperie »,

« voûtes du ciel » et les autres mots se trouvant dans ce passage de Térence, sans que l'auteur introduisît un jeune vaurien qui se propose Jupiter comme modèle de stupre, en contemplant une représentation figurée sur un mur, *peinture représentant comment Jupiter, selon la légende, fit tomber dans le giron de Danaé une pluie d'or pour duper une femme*[1] ? Et voyez comment il s'excite à la débauche, prétextant la caution du Ciel, en disant :

« *Ah ! Quel dieu que celui qui ébranle*
Les voûtes du ciel de son fracas royal !
Et moi, petit bout d'homme, je ne le ferais pas ?
Mais si ! Je l'ai fait, et avec quel plaisir ! »

Non, ce n'est pas du tout, mais alors pas du tout l'apprentissage du vocabulaire que l'on fait à travers cette turpitude ; mais ces mots permettent de perpétrer ces turpitudes avec plus d'assurance !

Je n'accuse pas les mots : ce sont vases choisis et précieux. Mais j'accuse le vin de l'erreur que nous y déversaient des docteurs enivrés. Et si nous ne buvions pas, on nous battait, et nous n'avions pas le droit d'en appeler à un juge tempérant.

Et pourtant, mon Dieu, sous ton regard, j'évoque, dans la sérénité, ce souvenir : c'est avec

1. Cet épisode et les citations y afférentes, est repris de Térence, *L'Eunuque*, III, 5, 585 et suiv.

plaisir que j'ai appris ces choses-là, et même, malheureux que j'étais, j'en faisais mes délices. Aussi disait-on de moi : « Voilà un enfant prometteur ! »

XVII. 27. Laisse-moi, ô mon Dieu, parler des extravagances où je gaspillais mon talent, don de toi. Ainsi, on me proposait une besogne qui n'incitait guère mon âme à la tranquillité : d'un côté, c'était la récompense que donne la gloire, de l'autre, la crainte du déshonneur et des coups ! Je devais prononcer le discours de Junon irritée et affligée de ne pouvoir

Détourner d'Italie le prince des Troyens[1].

Ce discours, je n'avais pas ouï dire que Junon l'eût jamais prononcé, mais force nous était de suivre, errants, les traces des fictions poétiques, et de dire en prose à peu près ce que le poète aurait dit en vers. Celui-là obtenait plus de compliments, qui, en fonction de la dignité du personnage représenté, mettait en valeur avec plus de vraisemblance les sentiments d'irritation et d'affliction, en revêtant les pensées avec des termes appropriés.

À quoi bon tout cela, ô Vie véritable, ô mon Dieu ? À quoi bon être applaudi, pour mon exercice de déclamation, plus que les nombreux

1. Virgile, *Énéide*, I, 38.

condisciples de mon âge ? Tout cela, n'était-ce pas fumée et vent ? N'y avait-il pas d'autre thème pour exercer mon talent et ma langue ? Tes louanges, Seigneur, tes louanges à travers les Écritures pouvaient servir de tuteurs au sarment de mon cœur qui, dès lors, pouvait ne plus être ballotté à travers le vide des futilités, honteusement en proie aux oiseaux rapaces ; car il est plus d'une manière de s'offrir en sacrifice aux anges prévaricateurs.

XVIII. 28. Mais quoi d'étonnant si je me laissais ainsi emporter dans les vanités, et si je m'éloignais de toi, mon Dieu, pour m'en aller au-dehors ? Les modèles que l'on me proposait d'imiter ? Des hommes, tantôt confus d'avoir été blâmés pour avoir lâché barbarisme ou solécisme dans l'exposé de leurs actes innocents, tantôt gonflés de gloriole d'avoir été loués pour avoir, abondamment et avec élégance, narré leurs dévergondages en des termes corrects et accordés selon les règles !

Tu vois cela, Seigneur, et tu gardes le silence, *patient, riche en pitié et en vérité*[A]. Garderas-tu toujours le silence ? Mais, dès aujourd'hui, tu arraches de ce gouffre si sauvage l'âme qui te recherche et qui a soif de tes délices ; son cœur te dit : *J'ai cherché ta face ; ta face, Seigneur, je la chercherai encore*[B]. Car c'est être loin de ta face que d'être dans la passion ténébreuse : ce n'est

A. Ps 103 (102), 8. • B. Ps 27 (26), 8.

pas, en effet, par une marche ou à travers des espaces que l'on s'en va loin de toi ou que l'on revient vers toi. Non, ce n'est pas en ayant requis chevaux, chars ou bateaux, ni en ayant pris aux regards de tous son vol à tire-d'aile, ni en ayant cheminé à la force de ses jarrets, que ton fils cadet est parti dans la région lointaine, pour y dissiper en prodigue ce que tu lui avais donné, toi qui t'étais montré tendre, lorsqu'il partit, en lui ayant fait ce don, et plus tendre, lorsqu'il revint, dans l'indigence : il vivait dans une passion luxurieuse, c'est-à-dire une passion ténébreuse, et c'est cela être loin de ta face.

29. Vois, Seigneur Dieu, vois — comme tu le fais avec patience — avec quelle diligence les fils des hommes observent, reçues de ceux qui parlaient avant eux, les conventions concernant les lettres et les syllabes, et avec quelle négligence ils accueillent celles qu'ils ont reçues de toi, depuis toujours, concernant le salut éternel ! Ainsi, quelque expert ou maître ès règles antiques sur les sons viendrait-il à violer une règle de grammaire, en n'aspirant pas le son *h* du mot *hominem* (« homme »), il déplairait plus aux humains que s'il violait tes préceptes en haïssant un homme, lui, un homme. Comme si assurément l'inimitié d'un homme était plus funeste à éprouver que la haine même qui suscite notre colère à son égard ! Ou comme si l'on ravageait plus gravement autrui en le persécu-

tant, qu'on ne ravage son propre cœur en lui vouant cette inimitié ! Et en tout cas, la science des lettres n'est pas plus intérieure en nous que la conscience où il est écrit de ne pas faire à autrui ce que l'on ne voudrait pas subir.

Comme tu es secret, ô toi qui habites au plus haut des cieux dans le silence, ô Dieu qui seul es grand, déversant, dans ton infatigable justice, des cécités punitives sur les illicites cupidités ! Ainsi, voici, par exemple, un homme briguant la réputation d'être un brillant orateur : le voilà face à un homme, le juge ; tout autour, une multitude d'hommes ; tout en s'acharnant, d'une haine des plus sauvages, sur son adversaire, il redouble de précautions vigilantes pour ne pas faire de lapsus en effaçant le *h* dans la prononciation de l'expression *inter homines* (« parmi les hommes ») ; mais pour effacer un homme de la société humaine, son esprit en délire ne prend aucune précaution !

XIX. 30. Voilà la morale au seuil de laquelle je traînais à terre mon enfance misérable. Telle était la gymnastique dans cette arène : je craignais plus de commettre un barbarisme que je ne prenais de précautions, quand j'en faisais, pour ne point jalouser ceux qui n'en commettaient point. Je dis tout cela et je le confesse devant toi, mon Dieu : j'y gagnais des louanges de la part de personnes dont l'agrément me tenait lieu alors de règle de bonne conduite. C'est que je ne voyais pas le gouffre de turpitude dans lequel *j'avais été projeté loin de tes yeux*[A].

MÉDITATION FINALE

L'ivraie...

Et déjà dans tout cela, qu'y avait-il de plus hideux que moi-même, lorsque j'allais jusqu'à choquer de telles personnes en trompant par d'innombrables mensonges le pédagogue, les maîtres, les parents, et cela par amour du jeu, par goût des spectacles frivoles que je brûlais d'impatience de reproduire ? Je commettais aussi des larcins au cellier et à la table de mes parents, soit sous l'empire de la gourmandise, soit pour avoir de quoi donner à des garçons qui me vendaient le droit de partager un jeu où ils ne laissaient pas moins de trouver autant de plaisir que moi. Et même dans ce jeu, vaincu par un vain désir de primer, j'étais souvent aux aguets d'une victoire frauduleuse. Or, qu'y avait-il d'aussi intolérable à mon gré et d'aussi exposé à mes acerbes récriminations (si je prenais quelqu'un sur le fait) que cela même que je faisais à autrui ? Et si, pris moi-même sur le fait, j'étais l'objet d'une récrimination, je préférais exploser de colère plutôt que céder.

A. Ps 31 (30), 23.

Et c'est cela l'innocence enfantine ? Oh non, Seigneur, non, de grâce, mon Dieu. De fait, cette situation est exactement celle-là même qui évolue quand on passe des pédagogues et des maîtres aux préfets et aux rois, des noix, des balles et des passereaux à l'or, aux vastes propriétés et aux esclaves, l'âge majeur succédant à l'enfance comme les supplices majeurs aux férules. C'est donc l'humilité signifiée par la petite taille des enfants que tu as louée, ô notre Roi, lorsque tu as dit : *Le royaume des cieux appartient à ceux qui leur ressemblent*[A].

... et le bon grain.

XX. 31. Et malgré cela, grâces te soient rendues, ô toi, notre Dieu, incomparablement grand et bon, créateur et régulateur de l'Univers, quand bien même tu n'aurais pas voulu que mon existence dépassât le stade de l'enfance.

Dès ce temps-là aussi, j'avais l'être, la vie, la sensation, et je me souciais de l'intégrité de mon moi, trace de la très secrète unité d'où je tenais l'être. J'avais un sens intérieur grâce auquel je préservais l'intégrité de mes sens ; et dans les réflexions, même modestes, sur des sujets modestes, la vérité me charmait ; la duperie, je la refusais ; la mémoire, elle se fortifiait ; on me façonnait pour savoir parler ; l'amitié

A. Mt 19, 14.

m'entourait de ses charmes ; je fuyais la douleur, l'abjection, l'ignorance. Qu'y avait-il dans un tel être vivant qui ne fût digne d'admiration et de louanges ?

Mais tout cela, c'était un don de mon Dieu ; ce n'est pas moi qui me le suis donné. Ces qualités sont bonnes, et ces qualités, c'est moi ! Il est donc bon, celui qui m'a fait, et lui-même il est mon bien, et en son honneur j'exulte de joie pour tous les biens qui, dès mon enfance, constituaient mon être. Le péché, lui, venait de moi : c'était de rechercher non en lui mais dans ses créatures, en moi et dans les autres, voluptés, grandeurs, vérités. Voilà pourquoi je sombrais dans les douleurs, les troubles, les erreurs.

Grâces te soient rendues,
Ma Douceur, mon Honneur, ma Confiance,
Mon Dieu !
Grâces te soient rendues pour tous les dons reçus !
Garde-les-moi pour toi, et tu me garderas ;
Ils iront grandissant et se parachevant,
Les dons que tu m'as faits.
Avec toi, je serai,
Parce que, si je suis, c'est toi qui m'en fis don.

Livre II

L'irruption de la faute

LES « CHARNELLES CORRUPTIONS »

I. 1. Je veux me rappeler mon passé de souillures,
Et de mon âme les charnelles corruptions ;
Non pas que je les aime, mais afin que je t'aime,
Ô toi, mon Dieu.
L'amour de ton amour me pousse à reprendre
Mes voies d'iniquité
Dans l'amertume[A] du souvenir,
Pour ressentir en moi s'infiltrer ta douceur,
Ô Douceur qui ne trompe pas,
Ô Douceur de bonheur et de sécurité,
Ô toi qui me rassembles de la dispersion,
Où je me suis, tout en lambeaux, éparpillé,
Détourné de toi, l'Un, perdu dans le Multiple.
Car j'ai brûlé un temps, durant l'adolescence,
De me rassasier des choses d'ici-bas,
Audacieux jusqu'à foisonner en forêts

A. Jb 3, 20.

D'amours changeantes et sombres.
Ma beauté s'est flétrie ; j'ai pourri sous tes yeux,
Me plaisant à moi-même et désireux de plaire
Au regard des humains.

II. 2. Qu'est-ce qui me charmait
Sinon d'aimer et d'être aimé ?
Mais je ne me contenais pas
Dans la mesure de l'échange
Qui va de l'âme à l'âme :
Là est le lumineux sentier de l'amitié.
Des brumes s'exhalaient du limoneux tréfonds
De la concupiscence de la chair,
Et des jaillissements de la puberté.
Elles obnubilaient et offusquaient mon cœur
Qui ne distinguait plus
L'affection transparente du brouillard du désir.
Ensemble confondus,
Bouillonnant, m'emportant dans mon âge fragile
Par les abrupts des convoitises,
Ils la précipitaient au gouffre des méfaits.
Tout au-dessus de moi avait crû ta colère.
Je ne le savais pas ; j'étais devenu sourd
Du fracas de la chaîne de ma mortalité :
C'était le châtiment de l'orgueil de mon âme.
Je m'éloignais de toi et, toi, tu laissais faire.
Et j'étais ballotté, et j'étais dispersé,
Et je m'éparpillais, et j'allais bouillonnant
Parmi mes fornications.
Et, toi, tu te taisais.

Ô ma Joie,
Tu tardais à venir.
Tu te taisais alors.
Et, moi, je m'en allais, au loin, bien loin de toi,
Vers bien d'autres stériles semailles de douleurs,
Orgueilleuse abjection, inquiète lassitude.

3. Qui donc pouvait régler ma misère, ramener à l'ordre de l'usage les fugitives beautés des créatures les plus basses, et fixer des bornes à leur suavité, de manière qu'au rivage conjugal vinssent s'éteindre les flots bouillonnants de ma jeunesse ? À défaut de s'apaiser, ces flots pouvaient se limiter à leur finalité — la procréation des enfants —, comme le prescrit ta Loi, Seigneur, toi qui façonnes même notre lignée mortelle, tout en ayant le pouvoir de poser sur elle la douceur de ta main, pour émousser les épines inconnues du paradis[A], car ta toute-puissance n'est pas loin de nous, même quand nous sommes loin de toi.

Je pouvais assurément prêter une oreille plus attentive à ta voix qui tonnait à travers les nuées : *Les gens mariés connaîtront la tribulation de la chair que je cherche, moi, à vous épargner*[B], et ceci encore : *Il est avantageux pour l'homme de ne pas toucher à la femme*[C], et encore ceci : *Celui qui n'a pas d'épouse pense aux choses de Dieu et aux*

A. Voir Gn 3, 18. • B. I Co (Première Épître aux Corinthiens) 7, 28. • C. I Co 7, 1.

moyens de plaire à Dieu, tandis que celui qui est marié pense aux choses du monde, aux moyens de plaire à son épouse[A]. Je pouvais donc être plus attentif à ces paroles, et, *devenu eunuque pour le royaume des cieux*[B], attendre, dans un bonheur plus grand, tes étreintes.

4. Au lieu de cela, dans mon malheur, je me suis mis à bouillonner, emporté par l'impétuosité de mon propre courant. Je t'ai abandonné, j'ai transgressé tous tes commandements, et je n'ai pas échappé à ton fouet — quel mortel, à vrai dire, le pourrait ? C'est que tu étais toujours là, miséricordieusement sévère, aspergeant des plus amers désagréments toutes mes joies illicites : c'était pour m'obliger ainsi à rechercher la joie sans désagrément et, une fois cela possible, à ne trouver rien d'autre que toi, Seigneur, que toi qui ériges la douleur en enseignement, frappes pour guérir, et nous tues pour que nous ne mourions pas loin de toi.

Où étais-je ? Que j'étais loin, dans mon exil, des délices de ta maison, en cette seizième année de ma chair, lorsque, me faisant tomber sous son empire, la folie du plaisir me prit tout entier ! Folie qui a toute licence selon l'infamie humaine, mais illicite selon tes lois ! Les miens n'eurent pas le souci d'offrir à ma chute le filet du mariage ; ils n'eurent de souci que de me

A. I Co 7, 32 et suiv. • B. Mt 19, 12.

faire apprendre à parler à la perfection et à persuader par l'éloquence.

III. 5. En cette année-là, mes études s'étaient trouvées interrompues. On m'avait rappelé de Madaure — cette ville voisine où j'avais déjà fait mon premier séjour loin de chez moi pour y apprendre la littérature et la rhétorique —, le temps de préparer des subsides pour un séjour plus long à Carthage : mon père, modeste citoyen du municipe de Thagaste, montrait, à cette tâche, plus de cœur qu'il ne disposait de ressources.

Pour qui ce récit ? Non certes pour toi, mon Dieu, mais, sous ton regard, pour ma race, la race humaine, pour petite que soit la portion qui pourrait tomber sur cet écrit. Et pourquoi le faire ? Assurément pour que, moi-même ainsi que mon lecteur quel qu'il soit, nous considérions *de quelle profondeur* il faut *crier*[A] vers toi. Mais qu'y a-t-il de plus proche pour tes oreilles qu'un cœur qui te confesse, et une vie *selon la foi*[B] ? Qui donc ne portait alors aux nues cet homme, mon père ? C'est que, pour son fils, il voulait, au-delà des ressources de son patrimoine, payer ce qu'il fallait pour un séjour d'études, même lointain ; beaucoup de ses concitoyens, bien plus aisés, ne se donnaient pas autant de mal pour leurs enfants. Et pourtant ce même père n'avait que faire de savoir de quelle

A. Ps 130 (129), 1. • B. Rm 1, 17.

manière je devais grandir pour toi, et quelle était ma chasteté, pourvu que je fusse « disert », disons plutôt « désert », faute d'être cultivé par toi, mon Dieu, qui seul es le véritable et bon maître de ton champ[A] — mon cœur.

6. En cette seizième année, mis en vacances par cet intermède de loisir imposé par la gêne familiale, à peine étais-je avec mes parents qu'au-dessus de ma tête proliférèrent les ronces du désir, et il n'y avait aucune main pour les arracher. Bien plus, dès que ce père aperçut aux bains les signes de ma puberté et mon vêtement d'inquiète adolescence, comme si déjà il mourait d'envie d'avoir des petits-enfants, tout joyeux il l'annonça à ma mère, tout joyeux de cette ivresse, où le monde t'a oublié, toi, son créateur, pour aimer ta créature au lieu de toi, effet de l'invisible vin de sa volonté perverse et inclinée vers le bas ! Mais, dans le cœur de ma mère, tu avais déjà commencé ton temple et ébauché ta sainte habitation, tandis que lui n'était encore que catéchumène, et même de fraîche date. Aussi sursauta-t-elle, tressaillant d'une frayeur sainte : je n'appartenais pas encore à la communauté des fidèles[1], mais elle n'en redoutait pas moins pour moi les voies tortueuses où che-

A. Voir Mt 13, 1-9 ; Mc (Évangile selon Marc) 4, 1-9 ; Lc (Évangile selon Luc) 8, 4-8.

1. Comprenons *fidelis* au sens technique de « baptisé ».

minent ceux qui tournent *vers toi non leur face, mais leur dos*[A].

7. Hélas ! J'ose dire que tu te taisais, mon Dieu, alors que c'est moi qui m'éloignais de toi. Comment ? Tu te taisais alors pour moi ? Mais de qui donc étaient-elles alors, sinon de toi, les paroles que par ma mère, ta servante fidèle, tu fis résonner à mes oreilles, sans que rien n'en descendît dans le cœur pour me faire passer à l'acte ? Ce qu'elle voulait — et je garde en moi le souvenir de l'immense sollicitude de son avertissement —, c'était : pas de fornication, et surtout pas d'adultère avec une femme mariée. Avertissements de femme, me semblait-il. Honte à moi si je m'y pliais ! En fait, ils venaient de toi, et je ne le savais pas ; et je croyais que tu te taisais et que c'était elle qui parlait, alors que par elle, pour moi, tu ne te taisais pas ; et en elle, c'est toi que je méprisais, moi, moi son fils, le *fils de ta servante et ton serviteur*[B].

Mais je ne savais pas, et je m'en allais, tête baissée, aveugle à tel point qu'au milieu des camarades de mon âge j'avais honte d'être moins vil qu'eux, en les entendant se vanter de leurs méfaits, et se pavaner à la mesure de leurs turpitudes : le plaisir de l'action venait non seulement du plaisir de l'acte, mais aussi de celui d'être complimenté. Qu'est-ce qui mérite le blâme

A. Jr 2, 27. • B. Ps 116, 16 (115, 7).

sinon le vice ? Or, moi, pour ne pas être blâmé, je me rendais plus vicieux. Et, lorsque manquait la matière d'un acte dont l'accomplissement pouvait m'égaler à ces libertins, je feignais d'avoir fait ce que je n'avais pas fait, de peur d'avoir, plus innocent, l'air plus méprisable, et, plus chaste, d'être jugé plus nul.

8. Voilà en quelle compagnie je battais le pavé des avenues de Babylone, me roulant dans sa fange, comme en des nards[A] ou des parfums précieux. Et, pour me tenir plus fortement collé au ventre de cette Babylone, l'Ennemi invisible m'écrasait de son talon et me séduisait, tout prêt que j'étais à me laisser séduire.

Et la mère de ma chair — elle qui, tout en s'étant déjà échappée *du cœur de Babylone*[B], traînait encore dans les faubourgs —, oui, elle m'avait bien recommandé la pudeur. Mais elle n'avait toutefois pas eu le souci de contenir cet instinct (dont son mari lui avait fait part) d'ores et déjà pestilentiel et dangereux pour l'avenir (elle le savait), de le contenir donc dans les bornes de l'affection conjugale — à défaut de pouvoir le couper jusqu'au vif. Non, ce souci, elle ne l'eut point : l'espérance que l'on fondait sur moi pouvait, craignait-on, être entravée par l'entrave d'une épouse. Il ne s'agissait pas de cette espérance de la vie future que ma mère mettait en toi, mais

A. Voir Ct (Cantique des Cantiques) 4, 14. • B. Jr 51, 6.

de ces espérances que plaçaient mes parents dans les lettres, tant ils voulaient, l'un comme l'autre, me les faire apprendre : lui, parce qu'il ne se faisait de toi à peu près aucune idée et de moi que des idées pleines de vanité, et, elle, parce que, pensait-elle, loin de me nuire, cette culture traditionnelle me serait de quelque utilité pour t'atteindre. Voilà ce que je conjecture, en cherchant à me rappeler, comme je peux, le caractère de mes parents.

De surcroît, on lâchait la bride à mes divertissements, au-delà de ce qu'eût exigé une sévérité même modérée, si bien que je me dissolvais dans des passions variées : partout, ce n'était que brouillard, obstacle surgissant devant moi, ô mon Dieu, obstacle à la transparence de ta Vérité : on eût dit que ma *graisse suait l'iniquité*[A].

LE PÉCHÉ DE L'ESPRIT : LE « VOL DES POIRES »

Premier récit : « Confessio uitae ».

IV. 9. Le vol, en tout cas, est puni par ta Loi et par ta Loi qui est écrite dans le cœur des hommes, et que leur iniquité n'abolit pas : car existe-t-il un voleur qui supporte avec sérénité

A. Ps 72, 7 (Septante).

de se faire voler ? Non, fût-il dans l'opulence, et son voleur traqué par l'indigence !

Eh bien, moi, j'ai consenti à commettre un vol, et je l'ai commis sans y être poussé par la misère, mais tout simplement par pénurie et dégoût de justice, gavé que j'étais d'iniquité. Car ce que j'ai volé, je l'avais en abondance, et de bien meilleure qualité ; et ce dont je voulais jouir, ce n'était pas l'objet visé par le vol, mais le vol lui-même et la transgression.

Il y avait, proche de nos vignes, un poirier, chargé de fruits qui n'étaient alléchants ni par leur apparence ni par leur saveur. Entre jeunes vauriens, nous allâmes secouer et dépouiller cet arbre, par une nuit profonde — après avoir, selon une malsaine habitude, prolongé nos jeux sur les places —, et nous en retirâmes d'énormes charges de fruits. Ce n'était pas pour nous en régaler, mais plutôt pour les jeter aux porcs : même si nous y avons goûté, l'important pour nous, c'était le plaisir que pouvait procurer un acte interdit.

Voilà mon cœur, ô Dieu, voilà mon cœur que tu as pris en pitié au fond de l'abîme. Qu'il te dise maintenant, mon cœur que voilà, ce qu'il y cherchait : pratiquer une malice gratuite, sans autre mobile à ma malice que la malice même ! Elle était honteuse, et pourtant je l'ai aimée. J'ai aimé ma dégradation, non ce pour quoi je me dégradais, mais ma dégradation elle-même : turpitude d'une âme désertant ta forteresse pour s'écrouler en ruine, en quête non d'un objet au prix de l'infamie, mais de l'infamie elle-même !

Premier discours : « Confessio fidei » ;
d'une anthropo-théologie du désir…

V. 10. De fait, ils sont gracieux à voir, les beaux objets corporels, l'or, l'argent et tout le reste : dans le toucher charnel, ce qui compte le plus, c'est l'accord avec l'objet ; les autres sens impliquent une réaction des corps appropriée à chacun d'eux. De même, les honneurs du monde et le pouvoir de commander et de dominer ont chacun leur charme, ce qui fait naître aussi le désir avide de la vengeance. Et pourtant, pour acquérir tout cela, on ne doit pas pour autant s'écarter loin de toi, Seigneur, ni dévier de ta Loi. Et la vie que nous vivons dans ce monde possède aussi ses délices, que lui donnent une certaine mesure de charme propre et une certaine harmonie avec toutes ces beautés d'en bas. L'amitié humaine, elle aussi, est douce par le nœud bien cher fait de l'union entre plusieurs âmes.

C'est pour tous ces objets et d'autres semblables que l'on commet le péché lorsque, par une inclination sans mesure vers ces biens d'ici-bas qui sont pourtant de l'ordre inférieur, on abandonne des biens meilleurs et de l'ordre supérieur : toi, Seigneur notre Dieu, et ta Vérité, et ta Loi. Ces biens inférieurs, en effet, comportent, eux aussi, leurs délices, mais non pas comme mon Dieu qui les a tous créés ; car *c'est en lui que le juste se délecte, et il fait les délices des cœurs droits*[A].

11. Ainsi donc, quand on fait une enquête sur un crime, sur le mobile pour lequel il a été perpétré, on n'arrive habituellement à une conviction que si le désir d'acquérir (ou la peur de perdre) un de ces biens que nous avons appelés « inférieurs » apparaît comme plausible. Le fait est qu'ils sont beaux et charmeurs, encore qu'au regard des biens supérieurs et béatifiques ils soient vils et terre à terre. Untel a commis un homicide. Pourquoi ? C'est qu'il a convoité la femme ou la propriété de campagne de la victime ; ou bien il a voulu lui dérober de quoi vivre ; ou bien il a craint de perdre, par le fait de l'autre, quelque bien analogue ; ou bien encore, étant offensé, il a voulu se venger. Mais pouvait-il commettre un homicide sans mobile, pour le seul délice d'un homicide ? Est-ce croyable ? Il exista [dans l'histoire de Rome] un certain individu complètement dément dont on a dit qu'« il était plutôt méchant et cruel sans motif[1] » ; mais,

A. Ps 64 (63), 11.

1. Salluste, *La Conjuration de Catilina*, 16. On sait que Lucius Sergius Catilina (109-62 av. J.-C.) avait fomenté une conjuration contre la République romaine, en 63 av. J.-C. Cicéron, alors consul, la déjoua et les troupes de Catilina furent battues à la bataille de Pistoia. Ici, la figure de Catilina n'a pas une valeur spécifique (ce qui amènerait à

en fait, [l'historien] en avait auparavant précisé la raison : « Il craignait que l'inaction n'engourdît sa main ou son courage. » Mais encore, pourquoi ? Pourquoi cela ? Il désirait de toute évidence, ainsi entraîné au crime, pouvoir, après la prise de Rome, s'emparer des honneurs, du pouvoir, des richesses, et n'avoir plus à redouter les lois et les difficultés de la vie, inhérentes à l'indigence de son patrimoine et à la conscience de ses crimes. Ainsi donc, même un Catilina a aimé, non pas ses crimes, mais autre chose, en fait, qui était le mobile de ses actes.

VI. 12. Mais, moi, dans ma misère, qu'ai-je donc aimé en toi, ô larcin qui fus le mien, ô crime nocturne de ma seizième année ? C'est que tu n'étais même pas beau, puisque tu étais un vol (au fait, es-tu même quelque chose, pour que je puisse te parler ?). Ils étaient beaux les fruits, objets de notre vol, beaux parce que c'était là ta création, ô toi, de tous les êtres le plus beau, de tous les êtres le Créateur, ô Dieu bon, Souverain Bien, et mon Bien véritable. Oui, ils étaient beaux ces fruits-là, mais ce n'était pas pour eux-mêmes que les convoita mon âme misérable : j'en avais de meilleurs, et en abondance. Si je les ai cueillis, c'était uniquement pour voler, puisque à peine cueillis je les ai jetés,

---

faire une erreur d'interprétation sur cette allusion), mais une fonction d'*exemplum* d'éloquence judiciaire.

n'en ayant tiré que le seul régal de l'iniquité dont je jouissais gaiement : même si j'en ai goûté une bouchée, c'est mon crime qui leur donnait de la saveur.

Je vais donc, Seigneur mon Dieu, continuer mon enquête sur ce qui a pu me charmer dans ce vol : il n'y avait là vraiment rien de beau, et je ne parle ni de la beauté comme on la trouve dans les vertus d'équité et de prudence, ou encore dans l'intelligence humaine ou la mémoire, ou les sens ou la vie végétative, ni de la beauté des astres, ornements des espaces qui leur sont fixés, ou de celle de la terre et de la mer emplies de vivants qui, en naissant, succèdent à ceux qui décèdent, ni même de cette sorte d'ombre défectueuse de beauté que possèdent les vices trompeurs.

... à une théologie du péché.

13. En fait, dans l'orgueil, il y a une parodie d'élévation, alors que c'est toi et toi seul qui es élevé au-dessus de tout.

Et l'ambition ? Que cherche-t-elle, sinon les honneurs et la gloire, alors que toi seul mérites honneurs et gloire pour l'éternité ?

Et la cruauté chez les puissants ? Elle vise à inspirer la crainte. Or, qui est à craindre sinon Dieu seul ? À sa puissance, qu'est-ce qui pourrait donc échapper ou se soustraire ? À quel moment, en quel lieu, vers quel lieu, avec quelle aide ?

Et les tendresses des voluptueux ? Elles veulent se faire aimer. Mais rien n'est plus tendre que ta charité, rien n'est aimé plus salutairement que celle qui est plus belle et plus lumineuse que tout, ta Vérité.

Et la curiosité ? Elle semble rechercher avec passion la science, alors que c'est toi qui possèdes la science souveraine de tout.

À leur tour, l'ignorance et la sottise cherchent à s'abriter derrière les noms de simplicité et d'innocence, parce que l'on ne trouve rien de plus simple que toi. Or, qu'y a-t-il de plus innocent que toi, puisque les méchants voient leurs œuvres se retourner contre eux ?

Et la paresse ? Elle vise en quelque sorte le repos. Or, quel repos assuré en dehors du Seigneur ?

Et le luxe ? Il veut usurper les noms de satiété et d'abondance. Or, c'est toi la plénitude et l'abondance.

Et la prodigalité ? Elle se couvre du voile de la générosité, alors que le plus débordant de largesses de toutes sortes, c'est toi.

L'avarice ? Elle possède beaucoup de biens, alors que tu possèdes tout.

Et l'envie ? Elle lutte pour le prix d'excellence. Mais qu'y a-t-il de plus excellent que toi ?

Et la colère ? Elle cherche la vengeance. Or, qui se montre plus juste que toi dans la vengeance ?

Et la crainte ? Elle se hérisse aux coups insolites et soudains contre les objets aimés, sur la sécurité desquels elle veille jalousement. Or, pour toi, qu'y a-t-il d'insolite, de soudain ? Qui peut séparer de toi ce que tu aimes ? Et où trouver, sinon près de toi, la sécurité, inébranlable ?

Et la tristesse ? Elle se consume de la perte des biens qui charmaient le désir, parce qu'elle voudrait qu'à elle, comme à toi, rien ne pût être ôté.

14. Ainsi donc, l'âme fornique en se détournant de toi, et en recherchant hors de toi ce qu'elle ne trouve dans sa pureté et sa transparence qu'en revenant à toi. Ils t'imitent, mais de manière perverse, tous ceux qui s'éloignent de toi et se dressent contre toi ; et pourtant, même en t'imitant ainsi, ils manifestent que tu es le créateur de toute substance, et, du même coup, qu'il n'y a aucun lieu où se retirer loin de toi.

Qu'ai-je donc aimé, moi, dans ce vol, et en quoi ai-je imité mon Dieu, de manière défectueuse et perverse ? Peut-être était-ce le plaisir de transgresser ta Loi ? Et peut-être ai-je voulu, par ruse du moins, faute de pouvoir réel, imiter, tel un captif, un acte libre — liberté de manchot ! —, en posant impunément, par une ténébreuse parodie de toute-puissance, un acte interdit ? Et voilà : c'est l'esclave qui échappe à son maître, *en quête d'un petit coin d'ombre*[A] !

Ô pourriture ! Ô vie monstrueuse ! Ô abîme de mort ! Était-ce possible de prendre du plaisir

A. Jb 2, 7.

à un acte interdit, pour la seule raison qu'il était interdit ?

« Confessio laudis » : une théologie de la Grâce.

VII. 15. *Que rendrai-je au Seigneur*[A], que ma mémoire ait pu retrouver ce souvenir sans que mon âme en conçoive de la crainte ? Je t'aimerai, Seigneur, et je te rendrai grâces, et je confesserai à la gloire de ton nom, si lourdes sont les fautes et actions sacrilèges que tu m'as pardonnées ! C'est à ta grâce et à ta miséricorde que j'attribue que tu aies fait fondre mes péchés comme de la glace ; à ta grâce aussi j'attribue tout le mal que je n'ai pas fait. En effet, devant quelle faute n'aurais-je pas reculé, moi qui suis allé jusqu'à aimer un acte gratuit ?

Tous les péchés m'ont été remis, je le reconnais, et les fautes que j'ai commises — quand j'agissais de ma propre initiative —, et celles que je n'ai pas commises — quand tu te faisais mon guide. Qui donc, parmi les humains, conscient de sa faiblesse, oserait mettre, au compte de ses propres forces sa chasteté et son innocence, au point de moins t'aimer, comme s'il n'avait guère ressenti le besoin de cette miséricorde qui est la tienne et qui te fait remettre les péchés à qui se

A. Ps 116, 12 (115, 3).

tourne vers toi ? Quiconque a répondu à l'appel que tu lui as adressé, et évité ces fautes-là (qu'il découvre à la lecture de mes propres souvenirs et aveux), qu'il ne rie pas de me voir guéri d'un mal, par ce médecin même qui lui a permis, à lui, de n'être point malade ou, du moins, d'être moins malade que moi. Et qu'il t'aime donc autant, et même encore plus que moi : car celui qui m'a délivré — comme il le voit — des péchés où si péniblement j'ai langui, c'est celui-là même qui — il le voit — l'a exempté des péchés où si péniblement il languirait.

Second récit : « Confessio uitae ».

VIII. 16. Ah ! misère ! Quel fruit ai-je jamais retiré de ces actes dont le souvenir aujourd'hui me fait rougir, et tout particulièrement de ce larcin, dans lequel je n'ai aimé que le larcin pour lui-même, et rien d'autre, alors qu'il n'est que néant, ce qui augmentait ma misère ?

En tout cas, seul, je ne l'aurais pas commis ; telle était alors, dans mon souvenir, ma disposition à ce moment-là. Non, seul, je ne l'aurais pas commis. C'est donc que ce que j'y ai aussi aimé, c'était la compagnie de ceux avec qui je l'ai commis. Il n'est donc pas exact que je n'aie rien aimé d'autre que le larcin, ou plutôt si ! J'ai aimé un autre rien, car cette autre chose aussi est du rien. Or, qu'était-elle en réalité ? Qui donc pourrait m'en instruire, sinon celui qui illumine[A] mon cœur et en démêle les ombres ?

Pourquoi cette idée de mener une enquête, de chercher à éclaircir et envisager le problème ? Pour la raison suivante : si, à ce moment-là, je désirais ces fruits que j'avais volés, et si je désirais en jouir, je pouvais bien, tout seul (à supposer que j'y aie suffi !), commettre cette iniquité et parvenir à me faire plaisir, sans avoir à me frotter à des âmes complices pour attiser une convoitise qui m'aurait démangé ; mais, puisque ce n'était pas dans les fruits que résidait le plaisir, c'est donc qu'il résidait dans le crime lui-même accompli dans une communauté de pécheurs.

IX. 17. Qu'était-il alors, ce sentiment de mon âme ? Bien honteux, assurément ! Malheur à moi qui l'éprouvais ! Mais encore, qu'était-il ? *Le péché, qui le comprend*[B] *?* C'était un rire, comme un chatouillement du cœur : nous faisions une farce à des gens qui ne s'y attendaient pas, et qui ne tenaient pas du tout à ce que nous la leur fissions ! Mais pourquoi donc mon plaisir venait-il de ce que je ne l'avais pas faite tout seul ? Serait-ce encore parce que personne ne rit facilement tout seul ? C'est vrai, cela n'arrive à personne, encore que des gens, même seuls et sans témoins, se laissent parfois gagner par le rire, devant un objet sensible ou une idée

A. Voir Ps 27 (26), 1. • B. Ps 19 (18), 13.

par trop ridicule. Mais, pour ma part, ce geste-là, tout seul je ne l'aurais pas fait ; non, je ne l'aurais pas fait, si j'avais été vraiment seul.

Voilà devant toi, ô mon Dieu, le souvenir de mon âme, à vif. Seul, je n'aurais pas commis ce larcin où le plaisir venait non de l'objet du larcin, mais du larcin lui-même : seul, je n'aurais pas du tout éprouvé du plaisir, et je ne l'aurais pas fait.

Ô amitié trop ennemie, inscrutable tentation de l'esprit, soif ludique de nuire par manière de plaisanterie, envie de nuire à autrui sans désir de profit ni de vengeance ! Dit-on : « Allons-y ! Faisons-le ! », et voilà que l'on a honte d'avoir honte !

Second discours : « Confessio laudis » ;
une théologie de la Grâce.

X. 18. Qui donc peut démêler cette nodosité
Tellement tortueuse et tellement complexe ?
Horreur ! Je ne veux pas y fixer mon regard,
Je ne veux pas le voir.
Car c'est toi que je veux, Justice et Innocence,
Toute belle et parée de beautés lumineuses,
Ô toi qui rassasies de manière insatiable !
On trouve auprès de toi
Repos en plénitude, vie exempte de trouble.
Celui qui entre en toi,
Celui-là *entre dans la joie de son Seigneur*[A],

A. Mt 25, 21.

Et il ne craindra point,
Et il se trouvera très bien dans le Très-Bon.
Moi, loin de toi, à la dérive,
J'ai erré, ô mon Dieu, dans mon adolescence,
Bien trop loin du chemin de ta stabilité,
Et je devins pour moi région d'indigence.

Livre III

Errances et jalons

L'AVENTURE DU CŒUR

L'amour.

I. 1. Et je vins à Carthage ; partout autour de moi
Crépitait la chaudière des honteuses amours.
Je n'aimais pas encore, et j'aimais à aimer ;
Un besoin plus secret me faisait me haïr
D'avoir moins de besoin.
Je cherchais quoi aimer, amoureux de l'amour ;
Je haïssais la sécurité
Et la voie sans souricières[A].
C'est qu'au-dedans de moi était une autre faim,
Sans nourriture intime, sans toi-même, ô mon Dieu.
De cette faim-là point affamé,
Je ne désirais pas le pain incorruptible.
Non que j'en fusse plein,

A. Voir Ps 91 (90), 3.

Mais plus j'étais à jeun, plus j'étais saturé.
C'est ainsi que mon âme ne se portait pas bien,
Et, couverte d'ulcères, se jetait au-dehors,
Avide, misérable, de se faire gratter,
Toucher par les êtres sensibles ;
Mais s'ils n'avaient une âme,
Non, non, ils ne pourraient jamais se faire aimer.
Aimer et être aimé, c'était plus doux pour moi
Si je pouvais jouir du corps de l'être aimant.
Et j'allais donc souillant le cœur de l'amitié,
Par les viles souillures de la concupiscence ;
J'en brouillais la candeur par l'infernal désir.
Repoussant et infâme, je n'en brûlais pas moins
D'être élégant, plaisant — comble de vanité !
Vers l'amour je courus, désireux d'être pris.
Dieu, ma miséricorde[A], oh ! de combien de fiel
Pour moi, dans ta bonté, tu as arrosé
Cette suavité ; c'est que je fus aimé,
Et parvins, en secret, au jouir qui enchaîne,
Heureux d'être lié dans un nœud de misères,
Pour me laisser meurtrir, au feu, par des verges de fer :
Jalousies et soupçons, peurs, colères et rixes.

Les spectacles.

II. 2. Le théâtre me ravissait avec ses représentations pleines des images de mes misères, aliments du feu qui me dévorait.

A. Ps 59 (58), 18.

Comment se fait-il qu'au théâtre l'homme veuille souffrir au spectacle de faits douloureux et tragiques, dont il ne voudrait pourtant nullement pâtir lui-même ? Et pourtant il veut pâtir de la souffrance qu'il en retire, comme spectateur, et c'est la souffrance même qui fait sa volupté. N'est-ce pas là étonnante insanité ? Car chacun est d'autant plus ému qu'il est, au regard de telles passions, moins sain. Assurément, selon le langage ordinaire, on parle, quand on pâtit soi-même, de « misère », et, quand on pâtit avec d'autres, de « miséricorde » ; mais, s'agissant de fictions théâtrales, quelle est donc cette compassion ? Ce n'est pas à porter secours qu'est appelé le spectateur ; c'est seulement à souffrir qu'il est invité, et l'auteur de ces fictions imaginaires jouit d'autant plus de sa faveur qu'il le fait souffrir davantage : ces malheurs, tirés de l'Antiquité ou de la fiction pure, sont-ils traités sans que le spectateur en souffre, celui-ci quitte sa place : il est dégoûté, il critique ; mais qu'il en souffre, il reste là, attentif et réjoui.

3. Ce que nous aimons, ce sont donc les larmes et les douleurs. Certes, tout le monde veut se réjouir. Personne n'aimant la misère — tout en aimant la miséricorde —, ne serait-ce donc que pour être miséricordieux que l'on aime les douleurs ?

Tout cela vient bien de ce courant de l'amitié. Mais où va-t-il ? Où coule-t-il ? Pourquoi dévalet-il en un torrent de poix brûlante, en de monstrueux bouillonnements de désirs sombres, en une mue et une métamorphose volontaires, détourné et déchu de sa transparence céleste ? Faudrait-il donc répudier la compassion ? Absolument pas. Aimer les douleurs ? Parfois.

Mais garde-toi de l'impureté, ô mon âme, sous la tutelle de mon Dieu, *le Dieu de nos pères, digne d'être loué et exalté dans tous les siècles*[A], garde-toi de l'impureté !

De fait, même aujourd'hui, je ne manque pas de compassion. Mais en ce temps-là, au théâtre, je partageais la joie des amants dans leurs jouissances coupables (quelque imaginaire que fût leur action dans les jeux scéniques) ; si, au contraire, ils se séparaient, par une sorte de compassion, je m'attristais aussi ; dans les deux cas, j'éprouvais du plaisir. Aujourd'hui, au contraire, j'éprouve plus de pitié pour qui se réjouit dans son méfait que pour qui se croit durement atteint par la privation d'une pernicieuse volupté et la perte d'une félicité misérable. Voilà certes une plus authentique compassion ; mais ici on ne prend pas de plaisir à la souffrance, car, si l'on donne son agrément pour son charitable office à celui qui souffre de la misère d'autrui, il serait pourtant tout à fait préférable, aux yeux de celui qui exerce une miséricorde fraternelle, qu'il n'y ait pas de raison de souffrance : ce ne serait, en

A. Dn (Livre de Daniel) 3, 52.

effet, que dans le cas — hypothèse absurde ! — d'une bienveillance malveillante, qu'il serait possible à un homme authentiquement et sincèrement miséricordieux de souhaiter qu'il existe de la misère pour qu'il exerce sa compassion ! La douleur peut donc être quelquefois agréée, mais aimée, jamais. Telle est, en effet, Seigneur Dieu qui aimes les âmes, telle est ta miséricorde : infiniment, profondément plus pure que la nôtre, et plus incorruptible, car aucune souffrance ne te blesse. *Et de cela qui donc serait capable*[A] ?

4. Mais à cette période, dans ma misère, j'aimais à souffrir et je demandais qu'il y eût à souffrir : ainsi, au spectacle de l'infortune d'autrui, imaginaire et mimée, je prenais plus de plaisir au jeu de l'acteur, et lui trouvais un charme plus puissant s'il m'arrachait des larmes. Quoi d'étonnant ? Infortunée brebis égarée loin de ton troupeau[B], rebelle à ta tutelle, une honteuse gale me souillait. De là mes amours pour les souffrances, non pas pour celles qui pouvaient entrer trop profondément en moi (car je n'aimais pas en subir de semblables à celles que j'aimais regarder !), mais pour les souffrances racontées et fictives, qui pouvaient, en quelque sorte, m'égratigner à fleur d'âme ; et pourtant, tout comme les ongles quand on se gratte, elles engendraient tumeur enflammée, abcès,

A. Co 2, 16. • B. Voir Lc 15, 4 et suiv.

repoussante sanie. Vivre ainsi, était-ce vivre, ô mon Dieu ?

III. 5. Et, m'entourant de son vol, au-dessus de moi planait, fidèle, de loin, ta miséricorde. Dans quelles iniquités suis-je allé pourrir et par quelle sacrilège curiosité en suis-je venu à te déserter pour me laisser détourner vers les abîmes de l'infidélité et les fallacieuses embuscades des démons ! Sur leurs autels, je leur offrais en sacrifice mes méfaits, et, chaque fois, tu me flagellais !

J'ai même osé, au cours d'une célébration en ton honneur, dans les murs mêmes de ton église, négocier, dans ma convoitise, la possession de fruits de mort !

Alors, tu m'as frappé de lourdes peines, mais qui n'étaient rien au regard de ma faute, ô toi, mon immense *miséricorde, mon Dieu, mon refuge*[A], contre ces terribles nuisances, au cœur desquelles j'errais, présomptueux, la tête haute, pour m'en aller, loin de toi, aimant mes voies au lieu des tiennes, aimant ma liberté d'esclave fugitif.

A. Ps 59 (58), 18 ; 144 (143), 2.

L'AVENTURE DE L'ESPRIT

Errances.

6. Quant à ces études qu'on appelait libérales, elles débouchaient sur la perspective du barreau : je devais exceller dans ces métiers où l'on est d'autant plus loué qu'on sait mieux manier la mauvaise foi. Tel est l'aveuglement des hommes qu'ils se font une gloire de cet aveuglement même ! Déjà, j'étais le premier à l'école du rhéteur, orgueilleusement réjoui et bouffi d'arrogance. J'étais toutefois plus calme que les autres, *Seigneur, tu le sais*[A], et totalement à l'écart des « chambardements » de « chambardeurs » (nom sinistre et diabolique équivalant à un brevet de bonnes manières !). Je vivais au milieu d'eux, honteusement honteux de ne pas leur ressembler ; j'étais avec eux, et leur amitié parfois me faisait plaisir, mais leurs actes me faisaient toujours horreur, plus précisément ces chambardements dont effrontément ils harcelaient la timidité des nouveaux, pour la troubler par des brimades gratuites, et la livrer en pâture à leurs joyeuses méchancetés. Rien dans cette conduite qui ressemblât davantage à la conduite des démons. Aussi, quoi de plus juste que de les appeler « chambardeurs », bien « chambardés »

A. Ps 69 (68), 6.

eux-mêmes les premiers, et pris dans des « embardées », objets de moqueries déroutantes de la part d'esprits qui les trompent secrètement, en les faisant précisément aimer se moquer des autres et les tromper ?

Jalons.
De Cicéron…

IV. 7. C'est dans ce milieu que moi-même, en ce temps encore de fragilité, j'étudiais les traités d'éloquence, art dans lequel je désirais exceller, par une condamnable et futile intention : parcourir les joies de la vanité humaine. Selon le programme usuel des études, j'étais déjà rendu à l'ouvrage d'un certain Cicéron, chez qui généralement on admire la langue, mais pas autant le cœur, alors que ce livre contient une exhortation de l'auteur lui-même à la philosophie : il a pour titre *Hortensius*.

Ce livre changea mes sentiments, orienta vers toi, Seigneur, mes prières qu'il changea, rendant tout autres mes vœux et mes désirs. Soudain s'avilit à mes yeux toute vaine espérance ; c'est l'immortalité de la Sagesse que je convoitais dans un incroyable bouillonnement du cœur, et j'avais commencé à *me lever* pour *aller vers*[A] toi. Ce n'était pas, en effet, à l'affinement du langage — but apparent des études payées

A. Lc 15, 18.

par les subsides maternels (j'étais maintenant dans ma dix-neuvième année, et mon père était mort depuis déjà deux ans) —, non, ce n'était pas à l'affinement du langage que je ramenai l'usage de cette lecture : ce n'était pas du style, mais de la pensée exprimée qu'il m'avait donné le goût.

8. Comme je brûlais, mon Dieu, comme je brûlais de reprendre depuis les régions terrestres mon vol vers toi, et cela sans connaître ton action sur moi ! Car *c'est auprès de toi qu'est la Sagesse*[A]. Or c'est précisément cet amour de la sagesse[1] (qu'en grec on appelle « philo-sophia ») qu'enflamma en moi cet ouvrage. Il en est qui utilisent la philosophie pour séduire, colorant et masquant leurs erreurs par ce nom majestueux, flatteur et noble ; ceux-là, ses contemporains et ses devanciers, cet ouvrage les dénonce presque tous et les démasque, rendant ainsi manifestement salutaire l'admonition que donne ton Esprit par la bouche de ton bon et pieux serviteur : *Prenez garde qu'on ne vous abuse par la philosophie et ses vaines séductions, en suivant la tradition des hommes, en suivant les principes de ce monde, et non pas en suivant le Christ ; car c'est*

A. Jb 12, 13 et suiv.

1. Cette phrase ne se comprend vraiment que si l'on se rappelle bien que Sagesse-Sophia est un des noms du Christ-Verbe de Dieu.

en lui qu'habite corporellement toute la plénitude de la divinité[A].

Et, moi, à cette époque, *tu le sais, toi*[B], lumière de mon cœur, je ne connaissais pas encore ces paroles de l'Apôtre. Une seule chose toutefois suffisait à me charmer, dans cette exhortation-là : ce n'était pas telle ou telle école, mais la Sagesse elle-même, quelle qu'elle fût, que je devais aimer et rechercher, atteindre et posséder, et étreindre de toutes mes forces, stimulé par ce discours qui m'enflammait et m'embrasait. Et, en même temps, une seule chose, dans une telle effervescence, brisait mon élan : le nom du Christ ne s'y trouvait pas. C'est que ce nom, *selon ta miséricorde, Seigneur*[C], ce nom de mon Sauveur, ton Fils, déjà dans le lait même d'une mère, mon cœur d'enfant l'avait pieusement bu et conservé tout au fond ; et, sans ce nom-là, rien, malgré la valeur littéraire, le poli, l'exactitude, ne me ravissait totalement.

... aux Écritures.

V. 9. Je décidai donc d'appliquer mon esprit aux Saintes Écritures, et de voir un peu ce qu'elles étaient. Et voici ce que je vois : une réalité qui ne se révèle pas aux superbes, qui ne se découvre pas aux enfants, humble à l'entrée, et,

A. Col (Épître aux Colossiens) 2, 8. • B. Ps 69 (68), 6. • C. Ps 25 (24), 7.

après l'entrée, sublime et voilée de mystères. Et, moi, je n'étais pas en état d'entrer en elle, ni de ployer la nuque pour me mettre à son pas. En effet, ce que j'en dis maintenant, je ne le pensais pas au moment où je m'appliquais à ces Écritures : celles-ci m'ont paru indignes d'être comparées à la majesté cicéronienne. C'est que mon enflure répugnait à leur modestie, et la pointe de mon esprit n'en pénétrait pas les profondeurs. Pourtant, elles étaient faites pour grandir avec les petits ; mais, moi, je dédaignais d'être petit, et, dans mon enflure vaniteuse, je me voyais grand.

Fausses pistes.
L'Église manichéenne.

VI. 10. Et c'est ainsi que je tombai au milieu d'hommes à l'orgueil délirant, charnels et bavards à l'excès ; dans leur bouche, les *lacets du diable*[A] et une glu composée d'une mixture de syllabes : ton nom à toi et celui du Seigneur Jésus-Christ, et celui du Paraclet notre Consolateur, l'Esprit-Saint. Ces noms ne quittaient pas leur bouche, mais ce n'était que bruit et claquement de langue ; hormis cela, un cœur vide de vérité.

Et ils disaient : « Vérité, Vérité ! » Et ils m'en parlaient beaucoup, et elle n'était nulle part en eux ; mais ils énonçaient des faussetés, non

A. 2 Tm (Deuxième épître à Timothée) 2, 26 ; 1 Tm 3, 7 ; 6, 9.

seulement sur toi qui es vraiment Vérité, mais aussi sur les éléments de ce monde, ta création. Et pourtant sur ces sujets, même quand les philosophes disaient des vérités, j'ai dû les dépasser, eu égard à ton amour, ô mon Père, souverainement bon, Beauté de toutes les beautés.

Ô Vérité, Vérité, comme dans l'intime de mon être, même à ce moment-là, les fibres de mon âme *soupiraient*[A] vers toi, quand ils faisaient résonner ton nom à mes oreilles — thème fréquent, à variations multiples —, par leur parole seule et la multitude de leurs livres énormes !

Et voici les plats dans lesquels, au lieu de toi, on te présentait à ma faim de toi : le soleil et la lune, belles œuvres de toi, mais tout de même œuvres de toi, et non pas toi, ni même tes premières œuvres, car il y a supériorité de tes œuvres spirituelles sur les corporelles d'ici-bas, quelque lumineuses et brillantes qu'elles soient. D'ailleurs, pour moi, ce n'était même pas de ces œuvres supérieures, mais de toi-même, Vérité en qui *ne se trouve ni changement ni ombre de variation*[B], de toi que j'avais faim et soif. Et l'on m'apportait encore sur ces plats de fantomatiques splendeurs. Il aurait alors mieux valu aimer notre soleil — vrai, au moins pour nos yeux — plutôt que ces mirages trompeurs pour l'esprit dupé par ses yeux. Cependant, dans l'idée que c'était toi, je m'en nourrissais, à vrai

A. Ps 42 (41), 2. • B. Jc (Épître de Jacques) 1, 17.

dire, sans avidité, car tu n'avais pas à ma bouche la saveur de ce que tu es : non, ce n'était pas toi, ces fictions vaines, elles ne m'alimentaient pas, elles m'épuisaient encore plus. Un repas en songe ressemble tout à fait aux repas pris en état de veille, mais il ne nourrit pas les dormeurs, précisément parce qu'ils dorment. Là, en outre, absolument aucune ressemblance avec toi, tel que tu m'as parlé maintenant. C'étaient des corps fantomatiques, de faux corps ; plus réels sont ces vrais corps que nous voyons avec nos yeux de chair, soit dans le ciel, soit sur la terre, et dont la vision nous est commune avec les bestiaux et les oiseaux ; et ils sont plus réels que lorsque nous nous contentons de les imaginer. Et encore, il y a plus de réalité à les imaginer, eux, qu'à faire, à partir d'eux, des conjectures sur d'autres corps, plus grands, indéfinis, qui sont pur néant. C'est de telles réalités que je me nourrissais alors, sans me nourrir.

Mais toi, ô mon amour, en qui je défaille pour être fort, tu n'es ni ces corps que nous voyons, fût-ce dans le ciel, ni ceux que nous n'y voyons pas, parce que c'est toi qui les as créés, sans même les compter parmi tes plus hautes créations. Combien donc tu es plus loin de mes fantômes d'alors, fantômes de corps qui sont pur néant ! Plus réels sont les fantômes de corps qui existent et, plus réels que ceux-ci, les corps eux-mêmes, qui pourtant ne sont pas toi. Mais tu n'es pas non plus l'âme qui est la vie des corps — et qui est donc meilleure, étant la vie des corps, et plus réelle que les corps —, non, toi, tu es la vie des âmes, la vie des vies, vivant par toi-même, sans changer, ô Vie de mon âme[1].

11. Où donc alors étais-tu pour moi ? Oh ! si loin ! Et bien loin, pèlerin en terre étrangère, privé de toi, et même privé des glands dont je nourrissais ces porcs[A].

Et, de fait, combien valaient mieux les fables des grammairiens et des poètes que ces piperies ! Car les vers, la poésie, le *Vol de Médée*, sont assurément plus utiles que les cinq éléments diversement maquillés en rapport avec les cinq antres des Ténèbres, pur néant, et qui tue si l'on y croit. En effet, les vers et la poésie, je peux même les transformer en nourriture. Et le *Vol de Médée*, même si je le déclamais, je ne me portais pas garant des faits ; même si je l'entendais déclamer, je n'y croyais pas ; tandis qu'à ces fantômes j'y ai cru !

Ah ! malheur ! malheur ! Par quels degrés ai-je été entraîné aux profondeurs de l'enfer, en

1. Ainsi donc, le raisonnement d'Augustin s'appuie sur la « hiérarchie » suivante : 1er Dieu-Créateur ; 2e Monde créé : corps spirituels ; corps matériels ; 3e Monde « imaginal » : images de corps matériels (réalités « imaginaires ») ; images de corps existants (images de réalités « imaginaires »). Cette « hiérarchie », qui sera précisée et affinée tout au long des treize livres, complète celle qu'Augustin proposait dès ses premières œuvres, par exemple dans *La Dimension de l'âme*.

A. Voir Lc 15, 16.

labeur et fièvre, par indigence de vérité, alors que c'est toi, mon Dieu — à toi je le confesse, qui as eu pitié de moi qui ne te confessais pas encore —, alors que c'est toi que je cherchais, non pas toutefois selon l'intelligence de l'esprit qui, par ta volonté, me place au-dessus des bêtes, mais selon le sens de la chair.

Mais toi, tu étais
Plus intérieur que l'intime de moi-même
Et plus haut que le plus haut de moi-même.

Je fis la rencontre de cette femme effrontée et dénuée de sagesse, figure allégorique chez Salomon ; assise sur un siège au seuil de sa porte, elle dit :

« *Ces mets mystérieux, avec plaisir mangez,*
Et des eaux dérobées goûtez à la douceur[A]. »

Elle me séduisit, parce qu'elle me trouva dehors, logé dans l'œil de ma chair, et ruminant ce que par lui j'avais englouti.

Problèmes de théodicée.

VII. 12. J'ignorais, en effet, l'autre réalité, celle qui Est, en toute vérité, et, comme par un subtil aiguillon, j'étais poussé à accorder mes suffrages

A. Pr (Proverbes) 9, 17.

à de stupides dupeurs, quand ils me demandaient d'où venait le mal, si Dieu était limité par une forme corporelle, s'il avait des cheveux et des ongles, si l'on devait considérer comme justes ceux qui pratiquaient la polygamie, l'homicide et les sacrifices des animaux. Dans mon ignorance, j'en étais troublé et, tout en m'écartant de la vérité, je croyais aller vers elle : c'est que je ne savais pas que le mal n'était que la privation du bien, à la limite du pur néant. D'où pouvais-je le voir, quand mes yeux ne voyaient pas au-delà des corps ni mon âme au-delà des fantômes ? Je ne savais pas que Dieu était un esprit et non quelqu'un avec des membres étendus en longueur et en largeur, ni quelqu'un dont l'être serait une masse ; car une masse est moindre en sa partie qu'en son tout, et, quand bien même elle serait infinie, elle est moindre dans une partie définie par un espace déterminé que lorsqu'elle est étendue dans son infinité ; et elle n'est pas tout entière partout, comme un esprit, comme Dieu. Qu'y avait-il en nous qui fonde notre être et justifie notre titre, dans l'Écriture, d'êtres *à l'image de Dieu*[A]. Je l'ignorais complètement.

Questions de théologie morale.

13. Et je ne connaissais pas la vraie Justice intérieure, celle qui juge, non pas selon la cou-

A. Gn 1, 27.

tume, mais selon la loi d'excellent aloi du Dieu tout-puissant. Modelant les mœurs des pays et des époques, selon les lieux et les temps, elle reste partout et toujours elle-même, ne variant pas selon les pays et les époques. C'est d'après elle que pouvaient être justes Abraham, Isaac, Jacob, Moïse et David, et tous ceux que Dieu a loués de sa bouche.

C'étaient des ignorants qui les jugeaient impies, car ils jugeaient *selon la lumière humaine*[A] et mesuraient les mœurs de l'humanité en général à l'aune particulière de leurs propres mœurs. C'est comme si quelqu'un, ignorant ce qui dans une armure s'adapte à telle partie du corps, voulait se coiffer avec une jambière, se chausser avec un casque, et grognait parce que cela ne s'adapte pas ; ou comme si, un même jour où l'après-midi est proclamé férié, quelqu'un se fâchait de ne pas se voir accorder le droit de vente, sous prétexte que le matin on le lui avait accordé ; ou comme si, en voyant, dans une même maison, un esclave toucher tel objet alors que l'échanson n'en a pas le droit, ou telle chose se faire derrière l'écurie alors qu'elle est interdite à table, on s'indignait de ce que, dans le même logis, pour la même maisonnée, tous n'eussent pas partout les mêmes attributions. Ainsi font ceux qui s'indignent d'apprendre que tel ou tel acte était licite pour les justes en ces temps-là et

A. 1 Co 4, 3.

qu'il ne l'est pas en ces temps-ci, ou que Dieu a prescrit à ceux-là une chose, à ceux-ci une autre chose, pour des raisons conjoncturelles, alors que les uns et les autres sont bien soumis à la même Justice. Et pourtant s'agirait-il d'un même homme, d'une même journée, d'une même demeure, ils verraient bien qu'à chaque membre s'adapte un objet, qu'une chose permise un temps ne l'est plus après l'heure, qu'un acte est permis ou prescrit dans tel coin, et, dans tel autre, tout à côté, défendu et puni.

Est-ce à dire que la Justice varie et change ? Non. C'est que les temps où elle exerce son autorité ne marchent pas au même pas, justement parce qu'ils sont des temps. Or, les hommes, dont la vie sur terre est brève, n'ont pas une sensibilité morale suffisante pour tisser, en une trame unique, les motivations des générations antérieures ou de nations différentes (motivations dont ils n'ont eu nulle expérience) avec celles dont ils ont eu l'expérience ; ils n'en sont pas moins capables, s'agissant d'un même corps, d'une même journée, d'une même maison, de voir ce qui s'accorde avec tel membre, tel moment, tel endroit ou telle personne. C'est ce qui explique que, dans un cas, ils sont choqués, alors que, dans l'autre, ils s'inclinent.

14. Toutes ces vérités, moi, je les ignorais alors, et je n'y prêtais pas attention. De toutes parts, elles frappaient mon regard, et je ne les

voyais pas. Je déclamais des poésies, et je n'avais pas licence de mettre n'importe quel pied n'importe où (à chaque mètre sa loi), ni, dans un même vers, le même pied partout ; et l'art même qui réglait ma déclamation ne comportait pas des variantes, mais tout un ensemble constitué. Et je ne voyais pas que la Justice que servaient les bons et les saints comportait, d'une manière de loin supérieure et encore plus sublime, tout un ensemble de préceptes ; je ne voyais pas qu'elle était invariable, tout en distribuant, selon la variété des temps, ses préceptes, non pas d'un seul bloc, mais ceux qui étaient appropriés. Et, aveugle, je censurais les pieux patriarches qui non seulement, selon l'ordre et l'inspiration de Dieu, vivaient leur présent, mais encore, selon la révélation de Dieu, préfiguraient l'avenir.

VIII. 15. Y a-t-il un lieu ou un temps où il serait injuste d'*aimer Dieu de tout son cœur, de toute son âme et de tout son esprit*, et d'*aimer le prochain comme soi-même*[A] ?

Aussi bien les « méfaits contre nature » sont-ils partout et toujours exécrables et passibles de châtiment, ceux des Sodomites par exemple. Quand bien même tous les peuples les commettraient, ils tomberaient sous le coup de la même inculpation au regard de la Loi divine qui n'a pas fait les hommes pour qu'ils s'utilisent ainsi :

A. Mt 22, 37-39.

c'est en effet violer le contrat d'alliance qui doit nous unir à Dieu que de souiller cette nature, dont il est l'auteur, par la perversité du désir.

Pour tout ce qui est « méfait contre les coutumes humaines », il faut l'éviter, eu égard à la diversité des coutumes, de telle façon que le pacte interne à une cité ou à un peuple, pacte confirmé par l'habitude ou par la loi, ne soit jamais violé par les pulsions d'un citoyen ou d'un étranger : la honte surgit en effet du désaccord entre une partie et le tout.

Mais si c'est Dieu qui promulgue un ordre allant à l'encontre d'une coutume ou d'un pacte, quels qu'ils soient, et même si cela ne s'est jamais fait en ce lieu, il faut le faire ; s'il a été oublié, le rétablir ; s'il n'a pas été institué, l'instituer. De fait, un roi peut bien, dans la cité où il règne, promulguer un commandement qu'avant lui personne ni lui-même n'avait jamais donné, et cela sans qu'il soit contraire au pacte social de cette cité de s'y soumettre ; bien plus, ce serait contraire à ce pacte de ne s'y point soumettre, puisque aussi bien le contrat habituel de la société humaine est d'obéir à ceux qui la régissent. Alors, à combien plus forte raison, devant Dieu, souverain de toute sa création, faut-il sans hésitation se plier à ses commandements ! En effet, de même que dans le domaine des pouvoirs de la société humaine, le pouvoir supérieur a préséance sur l'inférieur qui lui doit obéissance, de même Dieu a préséance sur tous les autres.

16. Il en est de même pour les « crimes » : le désir de nuire s'y manifeste par l'outrage ou l'injustice, ou les deux à la fois, et cela soit pour se venger — ainsi un ennemi contre un ennemi —, soit pour s'emparer du bien d'autrui — ainsi un brigand contre un voyageur —, soit pour éviter un mal — ainsi quand on a peur de quelqu'un —, soit par envie — ainsi un malheureux contre quelqu'un de plus chanceux, ou un homme qui a réussi contre quelqu'un qu'il craint (ou souffre) de le voir l'égaler —, soit pour le seul plaisir du malheur d'autrui — ainsi les spectateurs des combats de gladiateurs, les railleurs, les mystificateurs. Telles sont les racines d'iniquité qui prolifèrent sous les désirs de l'ambition, de la curiosité, de la sensualité[A], soit un seul, soit deux, soit les trois ensemble. Et l'on vit dans le mal, en révolte contre les dix cordes — trois et sept — du psaltérion, ton Décalogue, Dieu *Très-Haut*[B] et très doux.

Mais quels méfaits pourraient t'atteindre, toi que rien ne peut corrompre ? Quels crimes, toi à qui rien ne peut nuire ? En réalité, ce que tu châties, c'est le mal que les hommes se font à eux-mêmes, car, même quand ils pèchent contre toi,

A. Voir 1 Jn (Évangile selon Jean) 2, 16. • B. Ps 92 (91), 2.

c'est contre leur âme qu'ils commettent une impiété, et leur iniquité se ment à elle-même, soit en corrompant et en pervertissant leur nature que tu as créée selon ton ordre, soit par un usage immodéré de ce qui est permis, soit en brûlant d'*user contre nature*[A] de ce qui n'est pas permis. Ils sont passibles d'inculpation lorsque leurs pensées et leurs paroles éclatent de rage contre toi et qu'*ils regimbent contre ton aiguillon*[B], ou bien lorsque, brisant les cadres de la société humaine, ils prennent un plaisir effronté à des cabales et sécessions personnelles, au gré de leurs plaisirs ou de leurs contrariétés.

Voilà ce qui arrive lorsqu'on t'abandonne, toi, source de vie, seul vrai créateur et modérateur de l'univers, et que, par un orgueil personnel, on chérit une parcelle, fausse image de l'univers. Aussi bien est-ce par l'humilité de la piété que l'on retourne en toi. Et tu nous purifies de l'habitude mauvaise ; tu es bienveillant pour les péchés quand on te les confesse, tu exauces les gémissements de ceux qui sont pris dans les entraves, et tu défais les liens que nous nous sommes faits, dès lors que nous ne dressons plus *vers toi les cornes*[C] d'une illusoire liberté, par avidité de posséder davantage, au risque de tout perdre en aimant plus notre propre bien que toi, le Bien de tous les êtres.

A. Rm 1, 26. • B. Ac (Actes des Apôtres) 9, 5. • C. Ps 75 (74), 5.

IX. 17. Mais à côté des « méfaits » et des « crimes », si nombreuses iniquités, il y a les « péchés qui accompagnent les progrès ». Les bons juges les blâment au nom de la règle de perfection, et en même temps ils en soulignent les mérites, parce qu'on peut en espérer une récolte, comme du blé en herbe une moisson.

Il y a aussi des actes qui ressemblent à des « méfaits » ou à un « crime », mais sans être des « péchés », parce qu'ils n'offensent ni toi, le Seigneur notre Dieu, ni la communauté sociale : ainsi quand on se procure certains biens adaptés à la vie et aux circonstances, sans qu'il soit avéré que c'est par désir de posséder ; ou encore quand on punit avec l'intention zélée de corriger au nom d'un pouvoir régulier, sans qu'il soit avéré que c'est par désir de nuire. C'est pourquoi, bien des actes, apparemment dignes de désapprobation aux yeux des hommes, ont reçu de toi un témoignage d'approbation ; et, inversement, beaucoup ont gagné des louanges aux yeux des hommes, et, lorsque c'est toi qui rends témoignage, ils sont condamnés : c'est que, souvent, une chose sont les apparences d'un acte, une autre sont l'intention de l'agent et la conjoncture cachée.

Mais, quand c'est toi qui, soudain, commandes quelque chose d'inaccoutumé et d'imprévu, à supposer même qu'à une époque tu l'aies interdit, et que pour un temps tu maintiennes caché le motif de ton commandement, et que cela aille même à l'encontre du pacte d'un groupe social, qui pourrait douter qu'on doive le faire, puisque la société juste, c'est celle qui te sert ? Mais heureux ceux qui savent que c'est toi qui as commandé ! Car tous les actes de tes serviteurs visent ou bien à mettre en lumière les exigences du présent ou bien à préfigurer l'avenir.

X. 18. Et moi, dans l'ignorance de ces vérités, je riais des saints d'autrefois, serviteurs et prophètes. Et que faisais-je en riant d'eux ? Je n'arrivais qu'à te faire rire de moi : insensiblement, je m'étais peu à peu laissé entraîner à des enfantillages, comme de croire que, lorsque l'on cueille une figue, elle pleure, avec l'arbre qui l'enfanta, des larmes de lait ! Et de croire aussi que, si toutefois un de leurs « saints » mangeait une figue — cueillie par une main criminelle, celle d'un autre, bien sûr, pas la sienne —, il la mêlait à ses entrailles pour exhaler d'elle des anges, voire des parcelles de Dieu à travers les gémissements de sa prière et dans ses éructations : ces parcelles du Dieu très haut et véritable seraient restées enchaînées dans ce fruit, si la dent et l'estomac du saint élu ne les avaient libérées !

Malheureux que j'étais, j'ai cru qu'il fallait témoigner plus de miséricorde envers les fruits de la terre qu'envers les hommes pour qui ils naissent ; en effet, que quelqu'un d'affamé en réclamât sans être manichéen, lui en donner ne serait-ce qu'une bouchée eût à mes yeux mérité la peine capitale.

Jalons.
Un songe de Monique.

XI. 19. Et tu as tendu ta main d'en haut[A], et du fond de ce brouillard *tu as arraché mon âme*[B], tandis que pour moi montaient vers toi les pleurs de ma mère, ta fidèle croyante, plus abondants que ceux des mères sur un corps défunt. Car c'est ma mort qu'elle voyait, elle, du point de vue de la foi et de l'esprit qu'elle tenait de toi.

Et tu l'as exaucée, Seigneur, tu l'as exaucée, tu n'as point dédaigné ses larmes quand leurs flots inondaient la terre, sous ses yeux, partout où elle priait. Oui, tu l'as exaucée. Autrement, d'où serait venu ce songe par lequel tu l'as consolée au point qu'elle accepta de vivre avec moi et de faire avec moi table commune à la maison — ce qu'elle avait d'abord refusé par aversion et horreur pour mes erreurs blasphématoires ?

Elle se vit donc debout sur une règle de bois, et, au-devant d'elle, s'avançait un jeune homme resplendissant, épanoui, lui souriant, alors qu'elle était triste, consumée de tristesse. Il lui demanda les causes de sa tristesse et de ses larmes quotidiennes : c'était, comme de coutume, pour l'instruire et non pour s'instruire.

A. Voir Ps 144 (143), 7. • B. Ps 86 (85), 13.

Elle répondit qu'elle pleurait ma perte. Pour la rassurer, il l'invita et l'engagea à bien regarder : elle verrait que là où elle était, j'étais moi aussi. Elle regarda et me vit près d'elle, debout sur la même règle.

D'où cela pouvait-il venir, sinon de ce que ton oreille était attentive à son cœur, ô toi, Bonté toute-puissante, qui prends soin de chacun de nous comme s'il était seul, et de nous tous comme s'il s'agissait de chacun ?

20. Et d'où vient encore ceci ? Quand elle m'eut rapporté ce songe, je tentai, moi, de le tirer vers l'interprétation que voici : c'était plutôt à elle de ne pas désespérer de devenir ce que j'étais. Mais, à l'instant, sans hésiter : « Non, non, dit-elle, il ne m'a pas été prédit : "Là où il est, lui, tu seras", mais : "Là où tu es, toi, il sera." » Je te confesse, Seigneur, mon souvenir, autant qu'il me revient, et comme maintes fois je l'ai rappelé : cette prédiction venue de toi par la bouche d'une mère vigilante, son absence de trouble devant mon interprétation — fausse, mais partant d'une formule somme toute voisine —, sa promptitude à voir ce qu'il y avait à voir (et que moi, avant sa réplique, je n'avais pas vu), tout cela m'ébranla alors plus que le songe lui-même, ce songe qui annonçait alors la joie qu'éprouverait, si longtemps après, cette femme pieuse, ce songe destiné à la consoler de son inquiétude présente, si longtemps auparavant.

De fait, prés de neuf années s'écoulèrent ensuite. Je me roulais *dans cette profondeur fangeuse*[A], dans les ténèbres de la fausseté, et cela malgré de fréquentes tentatives pour me relever, qui me laissaient plus lourdement brisé ; pendant ce temps-là, cette veuve chaste, pieuse et sobre, comme tu les aimes, déjà ravivée par l'espérance sans doute, mais sans relâcher ses pleurs et ses gémissements, ne cessait, à toutes les heures de sa prière, de faire monter vers toi ses lamentations sur moi. Et ses *prières* entraient *en ta présence*[B], et pourtant tu me laissais encore me rouler et m'enrouler dans ce brouillard.

Un oracle.

XII. 21. Entre-temps, tu accordas une seconde prédiction dont je me souviens (je passe en effet maints détails, dans ma hâte d'arriver à ce qui me presse de te confesser, et il y en a aussi beaucoup que je ne me rappelle pas). Tu accordas donc une seconde prédiction par ton prêtre, un évêque nourri dans l'Église et spécialiste de tes Livres. Cette excellente femme l'avait prié de bien vouloir causer avec moi, réfuter mes erreurs, me désapprendre le mal et m'apprendre le bien — elle agissait ainsi avec ceux qu'elle rencontrait : peut-être seraient-ils à la hauteur ! Mais, lui, il refusa, sagement en vérité, comme je m'en rendis

A. Ps 69 (68), 3. • B. Ps 88 (87), 3.

compte, mais plus tard. Il répondit en effet que je n'étais pas encore en état d'apprendre, tout plein d'enflure que j'étais, dans les premiers feux de l'hérésie, et semeur de troubles dans bien des âmes ignorantes par de petites questions (c'était d'ailleurs elle qui le lui avait appris). « Mais, dit-il, laisse-le là ; contente-toi de prier pour lui le Seigneur : de lui-même, au fil de ses lectures, il découvrira la nature de cette erreur et la grandeur de son impiété. » Il lui raconta en même temps que, en ce qui le concernait lui aussi, sa mère, abusée, l'avait confié, tout enfant, aux manichéens : il avait non seulement lu, mais souvent aussi recopié presque tous leurs livres ; il avait vu clairement, sans personne pour discuter et le convaincre, à quel point cette secte était à fuir ; et c'est ainsi qu'il l'avait fuie. Il eut beau dire, elle ne voulait rien entendre, se faisait insistante, redoublant ses prières et ses flots de larmes, pour qu'il me vît et discutât avec moi. Et, lui, déjà un peu gagné par l'agacement et l'ennui : « Laisse-moi, lui dit-il ; sur ta vie, il ne peut se faire que le fils de ces larmes périsse ! » Parole qu'elle recueillit, comme elle me le rappelait souvent au cours de nos entretiens, comme si elle eût retenti du haut du ciel.

COLLECTION FOLIO 2€

Dernières parutions

4671. D. H. Lawrence	*L'épine dans la chair* et autres nouvelles
4672. Luigi Pirandello	*Eau amère* et autres nouvelles
4673. Jules Verne	*Les révoltés de la Bounty* suivi de *Maître Zacharius*
4674. Anne Wiazemsky	*L'île*
4708. Isabelle de Charrière	*Sir Walter Finch et son fils William*
4709. Madame d'Aulnoy	*La Princesse Belle Étoile et le prince Chéri*
4710. Isabelle Eberhardt	*Amours nomades. Nouvelles choisies*
4711. Flora Tristan	*Promenades dans Londres. Extraits*
4737. Joseph Conrad	*Le retour*
4738. Roald Dahl	*Le chien de Claude*
4739. Fiodor Dostoïevski	*La femme d'un autre et le mari sous le lit. Une aventure peu ordinaire*
4740. Ernest Hemingway	*La capitale du monde* suivi de *L'heure triomphale de Francis Macomber*
4741. H. P. Lovecraft	*Celui qui chuchotait dans les ténèbres*
4742. Gérard de Nerval	*Pandora* et autres nouvelles
4743. Juan Carlos Onetti	*À une tombe anonyme*
4744. Robert Louis Stevenson	*La chaussée des Merry Men*
4745. Henry David Thoreau	*«Je vivais seul dans les bois»*
4746. Michel Tournier	*L'aire du muguet* précédé de *La jeune fille et la mort*
4781. Collectif	*Sur le zinc. Au café des écrivains*
4782. Francis Scott Fitzgerald	*L'étrange histoire de Benjamin Button* suivi de *La lie du bonheur*
4783. Lao She	*Le nouvel inspecteur* suivi de *Le croissant de lune*
4784. Guy de Maupassant	*Apparition* et autres contes de l'étrange

4785. D. A. F. de Sade — *Eugénie de Franval. Nouvelle tragique*
4786. Patrick Amine — *Petit éloge de la colère*
4787. Élisabeth Barillé — *Petit éloge du sensible*
4788. Didier Daeninckx — *Petit éloge des faits divers*
4789. Nathalie Kuperman — *Petit éloge de la haine*
4790. Marcel Proust — *La fin de la jalousie* et autres nouvelles
4839. Julian Barnes — *À jamais* et autres nouvelles
4840. John Cheever — *Une Américaine instruite* précédé d'*Adieu, mon frère*
4841. Collectif — *«Que je vous aime, que je t'aime!» Les plus belles déclarations d'amour*
4842. André Gide — *Souvenirs de la cour d'assises*
4843. Jean Giono — *Notes sur l'affaire Dominici* suivi d'*Essai sur le caractère des personnages*
4844. Jean de La Fontaine — *Comment l'esprit vient aux filles* et autres contes libertins
4845. Yukio Mishima — *Papillon* suivi de *La lionne*
4846. John Steinbeck — *Le meurtre* et autres nouvelles
4847. Anton Tchekhov — *Un royaume de femmes* suivi de *De l'amour*
4848. Voltaire — *L'Affaire du chevalier de La Barre* précédé de *L'Affaire Lally*
4875. Marie d'Agoult — *Premières années (1806-1827)*
4876. Madame de Lafayette — *Histoire de la princesse de Montpensier* et autres nouvelles
4877. Madame Riccoboni — *Histoire de M. le marquis de Cressy*
4878. Madame de Sévigné — *«Je vous écris tous les jours...» Premières lettres à sa fille*
4879. Madame de Staël — *Trois nouvelles*
4911. Karen Blixen — *Saison à Copenhague*
4912. Julio Cortázar — *La porte condamnée* et autres nouvelles fantastiques
4913. Mircea Eliade — *Incognito à Buchenwald...* précédé d'*Adieu!...*

4914. Romain Gary — *Les Trésors de la mer Rouge*
4915. Aldous Huxley — *Le jeune Archimède* précédé de *Les Claxton*
4916. Régis Jauffret — *Ce que c'est que l'amour* et autres microfictions
4917. Joseph Kessel — *Une balle perdue*
4918. Lie-tseu — *Sur le destin* et autres textes
4919. Junichirô Tanizaki — *Le pont flottant des songes*
4920. Oscar Wilde — *Le portrait de Mr. W.H.*
4953. Eva Almassy — *Petit éloge des petites filles*
4954. Franz Bartelt — *Petit éloge de la vie de tous les jours*
4955. Roger Caillois — *Noé* et autres textes
4956. Jacques Casanova — *Madame F.* suivi d'*Henriette*
4957. Henry James — *De Grey, histoire romantique*
4958. Patrick Kéchichian — *Petit éloge du catholicisme*
4959. Michel Lermontov — *La princesse Ligovskoï*
4960. Pierre Péju — *L'idiot de Shanghai* et autres nouvelles
4961. Brina Svit — *Petit éloge de la rupture*
4962. John Updike — *Publicité* et autres nouvelles
5010. Anonyme — *Le petit-fils d'Hercule. Un roman libertin*
5011. Marcel Aymé — *La bonne peinture*
5012. Mikhaïl Boulgakov — *J'ai tué* et autres récits
5013. Sir Arthur Conan Doyle — *L'interprète grec* et autres aventures de Sherlock Holmes
5014. Frank Conroy — *Le cas mystérieux de R.* et autres nouvelles
5015. Sir Arthur Conan Doyle — *Une affaire d'identité* et autres aventures de Sherlock Holmes
5016. Cesare Pavese — *Histoire secrète* et autres nouvelles
5017. Graham Swift — *Le sérail* et autres nouvelles
5018. Rabindranath Tagore — *Aux bords du Gange* et autres nouvelles
5019. Émile Zola — *Pour une nuit d'amour* suivi de *L'inondation*

5060. Anonyme — *L'œil du serpent. Contes folkloriques japonais*

5061. Federico García Lorca — *Romancero gitan* suivi de *Chant funèbre pour Ignacio Sanchez Mejias*

5062. Ray Bradbury — *Le meilleur des mondes possibles* et autres nouvelles

5063. Honoré de Balzac — *La Fausse Maîtresse*

5064. Madame Roland — *Enfance*

5065. Jean-Jacques Rousseau — *« En méditant sur les dispositions de mon âme... »* et autres rêveries, suivi de *Mon portrait*

5066. Comtesse de Ségur — *Ourson*

5067. Marguerite de Valois — *Mémoires. Extraits*

5068. Madame de Villeneuve — *La Belle et la Bête*

5069. Louise de Vilmorin — *Sainte-Unefois*

5120. Hans Christian Andersen — *La Vierge des glaces*

5121. Paul Bowles — *L'éducation de Malika*

5122. Collectif — *Au pied du sapin. Contes de Noël*

5123. Vincent Delecroix — *Petit éloge de l'ironie*

5124. Philip K. Dick — *Petit déjeuner au crépuscule* et autres nouvelles

5125. Jean-Baptiste Gendarme — *Petit éloge des voisins*

5126. Bertrand Leclair — *Petit éloge de la paternité*

5127. Alfred de Musset - George Sand — *« Ô mon George, ma belle maîtresse... » Lettres*

5128. Grégoire Polet — *Petit éloge de la gourmandise*

5129. Paul Verlaine — *L'Obsesseur* précédé d'*Histoires comme ça*

5163. Akutagawa Ryûnosuke — *La vie d'un idiot* précédé d'*Engrenage*

5164. Anonyme — *Saga d'Eiríkr le Rouge* suivi de *Saga des Groenlandais*

5165. Antoine Bello — *Go Ganymède!*

5166. Adelbert von Chamisso — *L'étrange histoire de Peter Schlemihl*

5167. Collectif — *L'art du baiser. Les plus beaux baisers de la littérature*

5168. Guy Goffette — *Les derniers planteurs de fumée*
5169. H. P. Lovecraft — *L'horreur de Dunwich*
5170. Léon Tolstoï — *Le diable*
5184. Alexandre Dumas — *La main droite du sire de Giac* et autres nouvelles
5185. Edith Wharton — *Le miroir* suivi de *Miss Mary Pask*
5231. Théophile Gautier — *La cafetière* et autres contes fantastiques
5232. Claire Messud — *Les Chasseurs*
5233. Dave Eggers — *Du haut de la montagne, une longue descente*
5234. Gustave Flaubert — *Un parfum à sentir ou Les Baladins* suivi de *Passion et vertu*
5235. Carlos Fuentes — *En bonne compagnie* suivi de *La chatte de ma mère*
5236. Ernest Hemingway — *Une drôle de traversée*
5237. Alona Kimhi — *Journal de Berlin*
5238. Lucrèce — *« L'esprit et l'âme se tiennent étroitement unis ». Livre III de « De la nature »*
5239. Kenzaburô Ôé — *Seventeen*
5240. P. G. Wodehouse — *Une partie mixte à trois* et autres nouvelles du green
5290. Jean-Jacques Bernard — *Petit éloge du cinéma d'aujourd'hui*
5291. Jean-Michel Delacomptée — *Petit éloge des amoureux du Silence*
5292. Mathieu Térence — *Petit éloge de la joie*
5293. Vincent Wackenheim — *Petit éloge de la première fois*
5294. Richard Bausch — *Téléphone rose et autres nouvelles*
5295. Collectif — *Ne nous fâchons pas ! ou L'art de se disputer au théâtre*
5296. Robin Robertson — *Fiasco ! Des écrivains en scène*
5297. Miguel de Unamuno — *Des yeux pour voir* et autres contes
5298. Jules Verne — *Une fantaisie du Docteur Ox*
5299. Robert Charles Wilson — *YFL-500* suivi du *Mariage de la dryade*
5347. Honoré de Balzac — *Philosophie de la vie conjugale*
5348. Thomas De Quincey — *Le bras de la vengeance*

5349. Charles Dickens	*L'embranchement de Mugby*
5350. Épictète	*De l'attitude à prendre envers les tyrans*
5351. Marcus Malte	*Mon frère est parti ce matin...*
5352. Vladimir Nabokov	*Natacha* et autres nouvelles
5353. Arthur Conan Doyle	*Un scandale en Bohême* suivi de *Silver Blaze. Deux aventures de Sherlock Holmes*
5354. Jean Rouaud	*Préhistoires*
5355. Mario Soldati	*Le père des orphelins*
5356. Oscar Wilde	*Maximes* et autres textes
5415. Franz Bartelt	*Une sainte fille* et autres nouvelles
5416. Mikhaïl Boulgakov	*Morphine*
5417. Guillermo Cabrera Infante	*Coupable d'avoir dansé le cha-cha-cha*
5418. Collectif	*Jouons avec les mots. Jeux littéraires*
5419. Guy de Maupassant	*Contes au fil de l'eau*
5420. Thomas Hardy	*Les intrus de la Maison Haute* précédé d'un autre conte du Wessex
5421. Mohamed Kacimi	*La confession d'Abraham*
5422. Orhan Pamuk	*Mon père* et autres textes
5423. Jonathan Swift	*Modeste proposition* et autres textes
5424. Sylvain Tesson	*L'éternel retour*
5462. Lewis Carroll	*Misch-Masch* et autres textes de jeunesse
5463. Collectif	*Un voyage érotique. Invitations à l'amour dans la littérature du monde entier*
5464. François de La Rochefoucauld	*Maximes* suivi de *Portrait de La Rochefoucauld par lui-même*
5465. William Faulkner	*Coucher de soleil* et autres Croquis de La Nouvelle-Orléans
5466. Jack Kerouac	*Sur les origines d'une génération* suivi de *Le dernier mot*
5467. Liu Xinwu	*La Cendrillon du canal* suivi de *Poisson à face humaine*
5468. Patrick Pécherot	*Petit éloge des coins de rue*
5469. George Sand	*La château de Pictordu*

Composition IGS-CP
Impression Novoprint
à Barcelone, le 4 avril 2013
Dépôt légal : avril 2012

ISBN : 978-2-07-045189-0./ Imprimé en Espagne.

249851